Wilfried Sponsel | Burgen, Schlösser und Residenzen in Bayerisch-Schwaben

Gewidmet Frau Dr. Elisabeth Grünenwald,
der langjährigen fürstlich-oettingischen Archivoberrätin
und besten Kennerin des Rieses
als eines Landes der Burgen und Schlösser

Wilfried Sponsel

Burgen, Schlösser und Residenzen in Bayerisch-Schwaben

Satz und Grafik Partner GmbH, Augsburg

Reisensburg

Schloss Leitheim

Was Dr. Elisabeth Grünenwald im Jahre 1980 für das Ries formuliert hat, das gilt auch für viele andere Regionen Bayerisch-Schwabens. Die langjährige fürstlich-oettingische Archivarin beschrieb damals mit sehr einfühlsamen Worten das Ries als ein Land der Burgen und Schlösser: „Burgställe und Ruinen, Burgen, Burgschlösser und Residenzschlösser, Jagdschlösser und Land- und Lustschlösser ragen in der weiten, fast kreisrunden Ebene und dominieren auf den umgebenden Randhöhen. Sie sind Ruhepunkte für das Auge, das sich an der Schönheit der Naturlandschaft und an der Vielfalt der Kulturlandschaft erfreut. Sie sind Fixpunkte für die Gedanken, die in die Vergangenheit schweifen."

Wir können diese Beschreibung des Rieses durchaus auch auf andere Regionen Bayerisch-Schwabens übertragen und uns außerdem noch den Worten des Götz Freiherrn von Pölnitz anschließen, der in einem Aufsatz zu Schloss Kirchheim an der Mindel Bayerisch-Schwaben ebenfalls als ein Land der Burgen und Schlösser geschildert hat. Wörtlich formulierte er: „Von den nördlichen Abhängen der Alpen über die Weite der Donau hinab zum Ries dehnt sich über das gesamte heute bayerische Schwaben ein dichtes Netz von Burgen und Burgställen, Schlössern und Residenzen. Eine vor fünf Jahren angestellte Zählung ergab die stattliche Zahl von rund 675 Orten mit zum Teil allerdings verfallenen Anlagen. Von ihnen dürfte mancher einst mehrere Burgen besessen haben, so dass der gesamte Burgenbestand des bayerischen Schwaben weit über siebenhundert betragen hat."

Die von Pölnitz genannte Zählung aus den 1950er Jahren greift sicher nicht zu kurz, bedenkt man, dass zum Beispiel allein für das Ries etwa 80 Herrschaftssitze und für den Altlandkreis Kaufbeuren 72 Burgställe nachweisbar sind. Und der renommierte Burgenforscher Dr. Joachim Zeune zählt auf, dass im Allgäu neben den 60 erhaltenen Burgen, Burgruinen und Schlössern über 180 Burgställe nachgewiesen werden können.

Kronburg

Der vorliegende Führer zu Burgen, Schlössern und Residenzen in Bayerisch-Schwaben möchte auf diese große Anzahl einstiger Herrschaftssitze – in welcher Form auch immer sie heute noch existieren – aufmerksam machen und einladen zu einer Besichtigungstour in das Land zwischen Ries und Allgäu, zwischen Iller und Lech. Da hierbei nicht jedes Objekt berücksichtigt werden konnte, musste eine Auswahl getroffen werden, wohl wissend, dass noch manche Anlage es verdienen würde, beschrieben zu werden.

Es wurde Wert darauf gelegt, die Texte nicht mit Detailinformationen zu überfrachten, sondern sie so überschaubar wie möglich und nur so umfangreich wie nötig zu gestalten. Vielleicht aber bietet das Buch auch in dieser Form nicht nur dem interessierten Laien eine lehrreiche Lektüre, sondern ist auch für den Burgenforscher Ausgangspunkt und Anregung für weitere Forschungsarbeiten. Denn deutlich wurde bei der Erarbeitung des Stoffes für dieses Buchprojekt, dass hier noch viel unbekanntes Terrain darauf wartet, bearbeitet und erforscht zu werden – nicht nur in den Archiven, sondern insbesondere vor Ort.

Nun aber wartet eine vergangene, aber dennoch stets präsente Welt darauf, wieder entdeckt zu werden. Mit diesem Führer in der Hand kann eine Besichtigungstour zu den Burgen, Schlössern und Residenzen in Bayerisch-Schwaben beginnen.

Nördlingen, im September 2006
Dr. Wilfried Sponsel

LANDKREIS DONAU-RIES

LANDKREIS DILLINGEN

LANDKREIS NEU-ULM

ISBN 978-3-935438-54-4

LANDKREIS GÜNZBURG

STADT UND LANDKREIS AUGSBURG

LANDKREIS AICHACH-FRIEDBERG

LANDKREIS UNTERALLGÄU

LANDKREIS OSTALLGÄU

LANDKREIS OBERALLGÄU

LANDKREIS LINDAU

ANHANG

IMPRESSUM

Dr. Wilfried Sponsel
Burgen, Schlösser und Residenzen
in Bayerisch-Schwaben

Satz und Grafik Partner GmbH, © 2006
Digitale Gestaltung und Medienproduktion
Spicherer Straße 1, 86157 Augsburg
Telefon 08 21/3 43 23-0
Telefax 08 21/3 43 23-33
ISDN 08 21/3 43 23-34
hollo@satz-und-grafik-partner.de
www.satz-und-grafik-partner.de

Gestaltung: Harald Hollo

Das Ries und sein Umland können mit gutem Recht als ein „Land der Burgen und Schlösser" bezeichnet werden. Ja, die vielen Herrensitze in ihren unterschiedlichen Erscheinungsformen sind geradezu ein Kennzeichen dieser Region.

Mitte des 12. Jahrhunderts treten diejenigen Adelsgeschlechter urkundlich in Erscheinung, die in der Folgezeit die Rieser Territorialgeschichte prägen sollten. Damit finden auch ihre Herrschaftssitze erstmals Erwähnung. Um 1140 sind es die Edelfreien von Oettingen, von Hohenburg und von Lierheim und 1153 die Edelfreien von Hürnheim.

Mitte des 12. Jahrhunderts war das Ries jedoch in weiten Teilen fest in staufischer Hand. Den Staufern gehörten die großen Burgen Alerheim, Flochberg, Harburg und Wallerstein. Den Grafen von Oettingen war das Ries damals nicht nur durch die Staufer, sondern auch durch andere Edelfreie wie die oben genannten Adelsfamilien von Hürnheim, Lierheim oder Hohenburg versperrt. Die Oettinger verfügten im Nordries lediglich über kleine Besitzteile im Nahbereich ihres namengebenden Stammsitzes Oettingen. Allerdings lag der damals unbedeutende Ort Oettingen in einem Gebiet besonderen Rechts, nämlich in einem Bannforst, den König Heinrich III. im Jahre 1053 für den Bischof von Eichstätt geschaffen hatte. Der König wollte mit der Übertragung dieses Gebiet für das Reich erhalten.

Konrad III., der erste Staufer auf dem deutschen Königsthron, setzte die Oettingen – als „Amtsgrafen" mit Vogteirechten ausgestattet – in und über diesen eichstättischen Bannforst ein. Für die oettingische Territorialgeschichte ist es bedeutsam, dass sich das „Amt Oettingen" – also der älteste Kern der gleichnamigen Grafschaft – auf der Basis dieses Eichstätter Bannforstes entwickelt hat.

Bis zur Mitte des 13. Jahrhunderts hat sich die Situation jedoch deutlich verändert. Denn mit dem Untergang der Staufer bot sich den Grafen von Oettingen nun die Möglichkeit, in die staufischen Machtpositionen zu treten und das Erbe der Stauferkönige im Ries zu übernehmen. Nun hatten sie die Chance zum Aufbau eines eigenen Territoriums. Freilich vollzog sich dieser Prozess der Territoriumsbildung nicht in einem Zuge, sondern schrittweise. Die neuere Forschung konnte die Etappen dieser Entwicklung deutlich machen und die „Bausteine" dieser Grafschaft Oettingen herausarbeiten. Denn es galt, nicht nur die ehemaligen Reichsgüter, sondern auch die Klosterherrschaften, Kirchengüter und die Güter des konkurrierenden Regionaladels – und damit auch ihre Burgen und Herrschaftssitze – an sich zu bringen.

Tatsächlich kamen die Grafen von Oettingen innerhalb eines Jahrhunderts in Besitz ehemaliger Reichsburgen und anderer Herrschaftsmittelpunkte. Um 1300 waren die Oettingen im Besitz der Reichsburgen Wallerstein (1261), Spielberg (vor 1294), Harburg (1299), Alerheim (1306), Flochberg (1330) und Kapfenburg (1334). Im Rahmen ihrer Expansionspolitik aber sollten sie noch weitere Burgen hinzugewinnen.

Den Grafen und späteren Fürsten von Oettingen gelang es jedoch nicht, andere Herrschaftsträger aus dem Ries auszuschließen. Das Ries wurde kein „territorium clausum". Deshalb gab es neben den zahlreichen oettingischen Burgen auch eine Reihe von Ansitzen weiterer klösterlicher und adeliger Herrschaftsträger wie z. B. des Deutschen Ordens, der Grafen von Otting und Fünfstetten und einiger niederadeliger Familien, die jedoch meist in einem Abhängigkeitsverhältnis zu den Oettinger Grafen standen.

Freilich können in diesem Führer nicht alle diese Burgen und Schlösser des Rieses und seines Umlandes berücksichtigt werden. Erwähnens- und sehenswert sind die Schlösser in Otting (heute Gasthaus), in Monheim und Tagmersheim (privat) aber allemal. Und wer sich auf die Suche nach abgegangenen oder noch als Ruinen erhaltenen einstigen Burgen und Schlössern machen möchte, der findet in dem Buch „Vergangene Burgen und Herrensitze im Blickfeld des Rieses" einen idealen Reisebegleiter.

1 Nördlingen
2 Schloss Lierheim
3 Ruine Niederhaus
4 Schloss Reimlingen
5 Schloss Oettingen
6 Schloss Hochaltingen
7 Schloss Hirschbrunn
8 Neues Residenzschloss Wallerstein
9 Harburg
10 Schloss Hohenaltheim
11 Fuggerhaus zu Donauwörth
12 Schloss Amerdingen
13 Schloss Leitheim

Es mag auf den ersten Blick etwas ungewöhnlich erscheinen, einen Burgen- und Schlösserführer mit einer ehemaligen Reichsstadt zu beginnen. Denn wo sollte hier einst eine Burg oder ein Schloss gestanden haben, war eine Reichsstadt doch gerade dadurch charakterisiert, dass sie unabhängig und frei war von einer Adelsherrschaft? Freilich ist die Keimzelle der Stadt wohl in einem karolingischen Königshof namens „Nordilinga" zu suchen, der 898 in einer Urkunde Kaiser Arnulfs genannt wird. Aber darum geht es hier nicht. Vielmehr soll daran erinnert werden, dass das heutige Rathaus einst das *Stadthaus* der Grafen von Oettingen gewesen ist. Darüber hinaus ist es doch naheliegend, in der Stadt mit der Führung zu beginnen, in welcher der fast 90 Meter hohe Kirchturm, der „Daniel", einen imposanten Rundblick weit in das Ries hinaus ermöglicht, das mit guten Gründen als ein *Land der Burgen und Schlösser* bezeichnet werden kann.

Nördlingens Aufstieg von einer königlich staufischen Stadt zu einer freien Reichsstadt wäre beinahe an den Grafen von Oettingen gescheitert. Bedenkt man, dass die Grafen im Zentrum der Stadt ein „Steinhaus", also eine bewohnbare Niederlassung, besaßen und dass sie auch das Amt des Stadtammanns innehatten, dann wird schnell deutlich, wie groß die Gefahr für Nördlingen war, zu einer oettingischen Stadt zu werden. Zumal die Grafen auch ein Bräuhaus und ein weiteres Steinhaus im Zentrum der Stadt in Besitz hatten, wie aus Urkunden unschwer zu erschließen ist. Aber Nördlingen hatte Glück. Graf Ludwig der Jüngere von Oettingen musste 1313 sein Steinhaus, das spätere Rathaus, wegen seiner großen Schulden an das

Rechts: Nördlingen aus der Vogelschau mit vollständig erhaltener Stadtmauer und der St.-Georgs-Kirche und dem Rathaus im Zentrum. Die ehemalige Reichsstadt gilt als Modell einer mittelalterlichen Stadt.

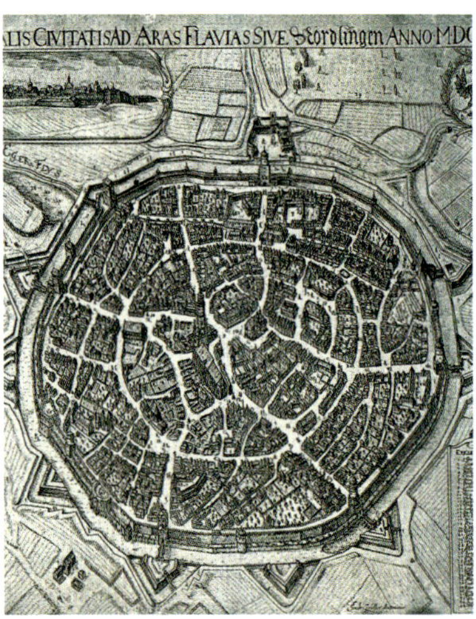

Oben: Joh. Müller, Der Marktplatz mit Rathaus und Brothaus, Aquarell, 1821
Links: Andreas Zeidler, Nördlingen, Kupferstich (Ausschnitt), 1651

Kloster Heilsbronn verkaufen. So gelang es der Stadt, sich aus der oettingischen Umklammerung zu lösen und Schritt für Schritt den Status einer freien Reichsstadt zu erwerben. Die unmittelbare Nachbarschaft von Reichsstadt und Reichsgrafschaft – Nördlingen war ja als *„eine Stadt in Insellage“* von allen Seiten von oettingischem Territorium umgeben – war aber jahrhundertelang Anlass für Streitigkeiten, die erst mit der Mediatisierung beider Herrschaften und deren Eingliederung in das Königreich Bayern zu Anfang des 19. Jahrhunderts zu einem – zumindest vorläufigen – Ende kommen sollten.

HINWEIS

Das Rathaus ist nur im Rahmen von Gruppenführungen zu besichtigen. Von Nördlingen aus können Fahrten zu den Burgen und Schlössern im Ries und darüber hinaus unternommen werden. Anmeldung und Buchung für Gruppen erfolgen über die Tourist-Information der Stadt Nördlingen. Tel. 0 90 81/8 41 16 und 8 42 16
E-Mail: tourist-information@noerdlingen.de
Ausflugstipp: Alte Bürg, ein idyllisch gelegenes Ausflugslokal am Fuße des gleichnamigen Burgstalls und der noch erhaltenen spätromanischen Kapelle St. Hippolyt, Tel. 0 90 81/60 44 14

Seit 1382 wird das inmitten der Stadt am Marktplatz gelegene, einstige oettingische Steinhaus als Rathaus genutzt.

Die Reichsstadt Nördlingen sollte im 16. Jahrhundert doch noch in den Besitz eines Schlosses gelangen. Dieses lag freilich nicht innerhalb der Stadtmauern, sondern weit außerhalb der Stadt. Wie ist es dazu gekommen?

1140 werden die Edelfreien von Lierheim erstmals erwähnt. Auch wenn sie es wohl zu einer gewissen Herrschaftsbildung mit einer eigenen Ministerialität gebracht hatten, so wurde ihre Herrschaft dennoch von den Grafen von Oettingen zwischen 1381 und 1427 nach und nach aufgekauft. Die Edelfreien von Lierheim, die mehrere hohe geistliche Würdenträger stellten, wanderten deshalb Mitte des 15. Jahrhunderts nach Württemberg ab und starben dort 1568 aus. Die Grafen von Oettingen verkauften nun aber ihrerseits die zum Teil schon 1413 ruinöse Burg, die in der Folgezeit mehrmals ihre Besitzer wechselte. Anfang des 16. Jahrhunderts kam sie an die Linie Hürnheim-Niederhaus-Hochaltingen, 1541 wurde sie an die Reichsstadt Nördlingen veräußert. Nördlingen gab im Jahre 1740 diesen Besitz an den Deutschen Orden ab, der die Anlage bis 1809 innehatte. 1835 erwarb sie Fürst Ludwig zu Oettingen-Wallerstein.

In nördlingischer Zeit wurde Schloss Lierheim grundlegend erneuert, nachdem schon 1454 ein Umbau erfolgt war. Damals war Lierheim im Besitz der Familie von Mittelburg. Wolfgang Walberger, in Nördlinger Diensten stehender Werk- und Baumeister, leitete die

Erneuerungsarbeiten der Jahre 1579 bis 1584. Von diesem Bau sind der nördliche und der südwestliche Teil noch weitgehend erhalten. 1606 errichtete Walberger das östliche Haupttor mit den Wappen der Edelfreien von Lierheim und der Nördlinger Pfleger Gundelfinger, Lemp und Ebersbach und 1612 bis 1614 einen Torturm innerhalb der Brücke. Diesen Turm zeigen noch die graphischen Darstellungen des 19. Jahrhunderts. Um 1875 wurde er abgetragen.

Eine durchgreifende Umgestaltung und Erweiterung erfuhr das Schloss in den Jahren 1758 bis 1762 durch den Baumeister Matthias Binder im Auftrag des Deutschen Ordens. Damals erhielten die repräsentativen Wohn- und Amtsräume den prachtvollen, heute noch erhaltenen Deckenstuck. Mit guten Gründen kann davon ausgegangen werden, dass diese Stuckarbeiten von dem Wessobrunner Anton Landes geschaffen worden sind. Von Landes stammen auch die Stuckarbeiten auf Schloss Leitheim.

Noch ein Wort zur jüngeren Geschichte dieses imposanten Schlosses. 1874 kam die Müllerfamilie Meyer in den Besitz von Schloss Lierheim. 1971 verkaufte sie an die heutigen Eigentümer, Familie Gerlinger, die seither das Schloss von Grund auf sanieren ließ.

HINWEIS

Das Schloss ist in Privatbesitz und kann nicht besichtigt werden.

Daniel Meyer, Karte des Amtes Lierheim mit der Darstellung des Schlosses Lierheim, Aquarell 1697

RUINE NIEDERHAUS

Noch heute lässt die stattliche Ruine der Burg Niederhaus, einst Stammsitz der Edelfreien von Hürnheim, erahnen, dass es sich hierbei um eine bedeutende Familie gehandelt haben muss. In der Tat zählten die Hürnheimer in der Zeit des hohen Mittelalters neben den Grafen von Oettingen zu den führenden Adelsfamilien des Rieses. Allerdings führten Linienteilungen zu einem Bedeutungsverlust. Mitte des 13. Jahrhunderts teilte sich das 1153 erstmals genannte Geschlecht in die drei Linien Hürnheim-Niederhaus-Hochaltingen, Hürnheim-Hochhaus und Hürnheim-Rauhaus. Die Anfänge der Burg Niederhaus liegen im 12. Jahrhundert. 1597 veräußerte Cordula von Hürnheim Niederhaus an Graf Gottfried zu Oettingen-Oettingen. Beim Hause Oettingen verblieb die im 30-jährigen Krieg wohl nur teilweise zerstörte Burg bis zum Beginn des 18. Jahrhunderts, um 1709 an den Deutschen Orden verkauft zu werden. 1805 ging die Anlage schließlich an den bayerischen Staat über, in dessen Eigentum sie sich heute noch befindet.

In der vom bayerischen Landesamt für Denkmalpflege gut sanierten Burgruine erinnert eine 1868 angebrachte Tafel an Friedrich von Hürnheim, der zusammen mit Konradin von Hohenstaufen und anderen Getreuen 1268 im Kampf gegen Karl von Anjou gefangen genommen und auf dem Marktplatz von Neapel hingerichtet worden ist. Wer heute Niederhaus besucht, erhält einen guten Ein-

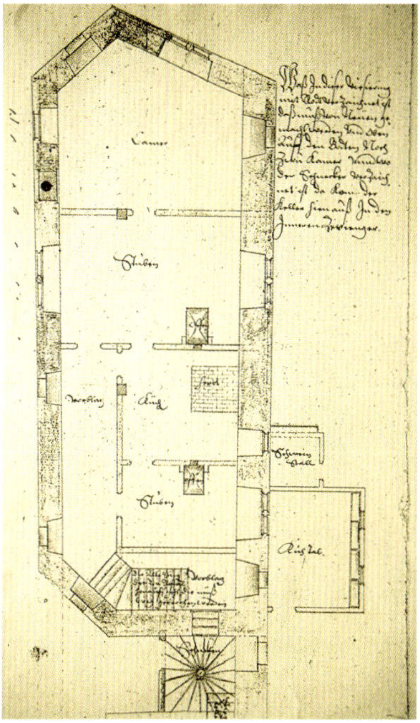

blick in eine Regionalburg des hohen Mittelalters. Schon von weitem sind der Bergfried und die stattlichen Überreste des Palas zu erkennen. Der hier wiedergegebene Situationsplan des sog. Hinterhauses lässt die Raumaufteilung des frühen 17. Jahrhunderts deutlich werden.

Nicht weit davon entfernt liegt die **Ruine Hochhaus,** deren Überresten freilich der völlige Zerfall droht. An den erhaltenen Mauerresten lässt sich aber noch deutlich der Umriss der einst mächtigen, im 16. Jahrhundert ausgebauten, Burg erkennen. 1347 veräußerte die Linie Hürnheim-Hochhaus die Burg an das Haus Oettingen, das bis zum Ende des Alten Reiches hier einen Verwaltungssitz unterhielt. Danach wurde die Anlage dem Verfall preisgegeben. Von der **Burg Rauhaus,** der dritten Burganlage der Hürnheimer im Kartäusertal, sind kaum mehr Überreste vorhanden. Ihre Besitzer, die einst das Kloster Zimmern im Ries stifteten, haben die Burg schon im 13. Jahrhundert verlassen und sind auf die Burg Katzenstein auf dem Härtsfeld gezogen.

Linke Seite: Heinrich Dauer, Burg Niederhaus, Aquarell, 1854
Oben links: Grundriss des hinteren Teiles der Burg Niederhaus, 1627
Oben rechts: Friedrich Wilhelm Doppelmayr, Burg Niederhaus, Aquarell, 1798
darunter: Johannes Müller, Burg Hochhaus, Aquarell, 1822

HINWEIS

Die **Ruine Niederhaus** ist frei zugänglich. Eine vor der Ruine angebrachte Tafel erklärt anschaulich den Grundriss der Anlage. Bei der **Ruine Hochhaus** warnt eine Tafel vor Einsturzgefahr. Die **Burg Rauhaus** lag auf dem westlichen Höhenrücken oberhalb des Weilers Christgarten. Das Kartäusertal gehört zu den schönsten Ausflugszielen der Region mit Einkehrmöglichkeit im Gasthaus „Schwan“ im Weiler Christgarten.

Wie Schloss Lierheim, so steht auch Schloss Reimlingen in enger Verbindung zum Deutschen Orden, aber auch zum fürstlichen Haus Oettingen-Wallerstein. Obwohl Kaiser Karl V. bereits 1541 die Baugenehmigung erteilt hatte, wurde das Schloss erst Ende des 16. Jahrhunderts unter dem Komtur Volbrecht von Schwalbach als Sitz des Amtes Reimlingen-Nördlingen errichtet.
Nach der Aufhebung des Ordens im Jahre 1809 kam Schloss Reimlingen an das Königreich Bayern – ein Jahr darauf erwarb es der Wallersteiner Weinhändler und fürstliche Hofrat Franz Joseph Abendantz. Fürst Ludwig zu Oettingen-Wallerstein kaufte das Schloss 1824 und veräußerte es 1858 an Werner Franz aus Mainz, der es seinerseits ein halbes Jahr später an Karl Peter Brand aus Hanau weiter veräußerte.

Nach zahlreichen weiteren Besitzerwechseln erwarb im Jahre 1920 die Convictgesellschaft Würzburg das Schloss – aus der 1923/24 die Mariannhiller Missionsgesellschaft (CMM) wurde –, bevor es 1985 an die Diözese Augsburg kam. 1997 kaufte es die Gemeinde Reimlingen und richtete nach

grundlegender Renovierung im Erdgeschoss die Gemeindeverwaltung ein. Der „Förderverein Schloss Reimlingen e. V." unterhält im 1. Obergeschoss eine zwischenzeitlich viel genutzte „Kulturetage" für Ausstellungen, Lesungen, Konzerte und Feierlichkeiten. Insbesondere der Festsaal besticht hier durch seine 1921 ausgemalten Stuckdecken. Der Deckenstuck der Räumlichkeiten im Obergeschoss stammt aus den Jahren der Umbauzeit des 18. Jahrhunderts.

Das Wappen des Deutschordenskomturs Volprecht von Schwalbach am westlichen Turm verweist auf das Jahr der Fertigstellung des Schlosses im Jahre 1595. Das ursprünglich zweigeschossige Gebäude – das belegen graphische Darstellungen des 17. Jahrhunderts – wurde in den Jahren 1733 bis 1736 unter Komtur Karl Heinrich Freiherr von Hornstein durch den deutschordischen Baumeister Franz Joseph Roth um ein Stockwerk erhöht. Nur wenig jünger sind die Umfassungsmauer, die beiden Tore und die Kavaliershäuschen. Am Schlossportal ist das Allianzwappen von Lutz und von Werdenfels aus dem Jahre 1897 zu sehen.

HINWEIS

Besichtigung nach Voranmeldung unter Tel. 0 90 81/33 22 und zu den Öffnungszeiten der Gemeindeverwaltung.
Die „Kulturetage" des Schlosses ist ein viel genutzter Ort für kulturelle Veranstaltungen. Die Räumlichkeiten können auch für Familienfeiern u. ä. angemietet werden.
E-Mail: info@schloss-reimlingen.de,
www.schloss-reimlingen.de

Ungesichert ist dagegen die Datierung des einstigen Marstalls mit seinen 6 bis 8 Pferdeboxen, der zusammen mit den Ökonomiegebäuden vor wenigen Jahren saniert worden ist und heute das kulturelle Angebot des Schlosses komplettiert.

Eine Stadt – zwei Schlösser: diese Merkwürdigkeit einer reizvollen Stadt lässt sich in der historischen Rückschau schnell erklären. Die Tatsache der einstigen Existenz zweier Herrschaftsmittelpunkte war nämlich die Folge der Teilung der Grafschaft Oettingen im Jahre 1410 zwischen den beiden Brüdern Ludwig XI. und Friedrich III. Darunter fiel auch die Halbteilung der damals wichtigsten Orte in der Grafschaft Oettingen, also der Städte Oettingen 1416 und Wemding 1418 sowie des Marktes Aufkirchen ebenfalls im Jahre 1418.

Ludwig XI. erhielt als der ältere der beiden Brüder die Stammburg des Geschlechts – das spätere „Untere Schloss", auch „evangelisches" bzw. „oettingen-oettingisches Schloss", genannt. Es wurde 1850 abgebrochen, nachdem die hier residierende evangelische Linie 1731 mit Fürst Albrecht Ernst II. im Mannesstamm ausgestorben war.

Ludwig erhielt neben der Burg damals auch eine Hälfte an Stadt und Amt Oettingen, während seinem jüngeren Bruder Friedrich die andere Hälfte an Stadt und Amt sowie das bisher gemeinschaftliche „Münzhaus" im nördlichen Teil der Stadt zugesprochen wurden. Es sollte später zum „Oberen Schloss" bzw. zum „oettingen-spielbergischen" oder „katholischen Schloss" ausgebaut werden.

Der heute erhaltene Baukomplex stammt aus dem 17. Jahrhundert. In den Jahren 1679 bis 1683 wurde von Mathias Weiß aus Kassel der Hauptbau im Stile des italienischen Barock, der so genannte „Neue Bau" oder „Saalbau", errichtet. 1686/87 erfolgte in einem zweiten Bauabschnitt der hofseitige Anbau des Treppenhauses als Zugang zu den Wohn- und Repräsentationsräumen. Das Schloss sollte als Residenz, Wohnhaus und Kanzlei dienen. Der imposante Deckenstuck des Festsaales ist ein Werk des Wessobrunner Stuckators Mathias Schmuzer. Am Plafond stellen Ölbilder aus der Zeit um 1680 Allegorien der vier Jahreszeiten und der vier Tageszeiten dar. Das stadtbildprägende Schloss bildet heute zusammen mit dem Rathaus am anderen Ende von Straße und Marktplatz die wichtigste bauliche Komponente dieses Straßenzuges in Oettingen.

Seit 1848 wurde das Schloss nicht mehr bewohnt, da sich die fürstliche Familie im Sommer auf Schloss Hochaltingen und im Winter in ihrem Palais in München aufhielt. Erst Fürst Otto Karl sollte das Schloss in Oettingen wieder bewohnbar machen. Die dafür notwendige Renovierung erfolgte in den Jahren 1870–1878 mit zum Teil recht einschneidenden Eingriffen in die überkommene Ausstattung der Räume.

Die letzte große Renovierung erfolgte in den 1970er Jahren. Heute wird der Festsaal des Schlosses für die zwischenzeitlich weit über das Ries hinaus bekannten Oettinger Schlosskonzerte genutzt. Im Erdgeschoss befindet sich eine Zweigstelle des Völkerkundemuseums München mit wechselnden Ausstellungen.

HINWEIS

Schlosskonzerte mit renommierten Künstlern von Mai bis Oktober, Auskunft durch das städtische Verkehrsamt unter Tel. 0 90 82/7 09 51.
Führungen durch die ehemaligen Wohn- und Repräsentationsräume der fürstlichen Familie von Palmsonntag bis Allerheiligen täglich, außer Montag, um 14 Uhr, Tel. 09082/969424, E-Mail: Kanzlei@oettingen-spielberg.de
Völkerkundemuseum, Heimatmuseum, Sternwarte und die sehenswerte Altstadt bieten dem Besucher ein abwechslungsreiches kulturelles Programm.

Schloss Hochaltingen war lange Zeit die Sommerresidenz der Fürsten zu Oettingen-Spielberg. 1764/66 erwarb Fürst Johann Alois I. das idyllisch gelegene Schloss von den Freiherren von Welden, die ihrerseits 1597 durch Heirat in den Besitz der Herrschaft gekommen waren. Damals hatte Cordula von Hürnheim, die Erbtochter des Edelfreien Hans Johann von Hürnheim, den Freiherrn von Welden geheiratet und dabei auch Schloss Hochaltingen mit in die Ehe gebracht.

Der Hauptbau des Schlosses, so wie er sich heute darstellt, ist in das Jahr 1551 zu datieren. Er stammt also aus einer Zeit, als sich die Herren von Hürnheim, aus ihrer dominierenden Stellung im Kartäusertal von den Grafen von Oettingen verdrängt, hierher in das Nordries zurückgezogen hatten. Ende des 16. Jahrhunderts wurde das Schloss von den neuen Besitzern, den Freiherren von Welden, erneuert und 1764 insbesondere im Inneren stark verändert. Die heute noch erhaltene Innenausstattung stammt im Wesentlichen aus dem 19. Jahrhundert. Über dem Haupteingang finden sich die Besitzerwappen von 1551 (Hürnheim), 1651 (Welden) und 1764 (Oettingen-Spielberg). Deutlich zu erkennen ist der einst rings um das Schloss angelegte tiefe Einschnitt des Wassergrabens.

1899 veräußerte das fürstliche Haus den Schlosskomplex an die Dillinger Franziskanerinnen in Kloster Maria Medingen, die mehrere Jahrzehnte hier ein Altenheim und eine Haushaltungsschule unterhielten, bevor sie das Anwesen 1997 an den Deutschen Orden verkauften. Zu den beeindruckenden Sehenswürdigkeiten des Schlosses zählt der Wap-

HINWEIS

Zu besichtigen sind die Schlosskapelle und der Wappensaal mit zahlreichen Wappendarstellungen oettingischer Lehensträger. Anmeldung unter Tel. 0 90 86/9 69 60. Sehenswert ist auch die kath. Pfarrkirche Mariä Himmelfahrt mit Grabdenkmälern der Edelfreien von Hürnheim und der Freiherren von Welden.

pensaal mit seinen 199 Wappendarstellungen der einstigen Lehensträger des Gesamthauses Oettingen. Wahrscheinlich erhielt der Saal diesen Wappenfries während der Bauarbeiten am Schloss in den Jahren 1853 bis 1859. Jedenfalls schuf Wilhelm Freiherr Löffelholz von Kolberg, der Leiter der fürstlichen Sammlungen in Maihingen, um 1850 eine kolorierte Federzeichnung mit zahlreichen heraldischen Darstellungen als Vorlage für den Wappenfries im Saal des Schlosses Hochaltingen. Die Schlosskapelle stammt noch aus der Erbauungszeit des Schlosses. In ihr befindet sich ein sehenswerter Flügelaltar, der in die Mitte des 16. Jahrhunderts zu datieren ist, mit einer Muttergottes aus der Zeit um 1500.

Unweit des Ortes Dornstadt liegt inmitten des Oettinger Forstes das in den Jahren 1600 bis 1607 errichtete Jagdschloss Hirschbrunn. Zur beeindruckenden, landschaftsprägenden Schlossanlage gehörte einst auch ein großer Wildpark, der als eines der letzten Beispiele für eine weitgehend unveränderte Gartenanlage dieses Typs in Süddeutschland galt.

Es spricht einiges dafür, dass das Schloss zwei Vorgängerbauten hatte. Einer davon war eine kleine Wasserburg, die nachweislich nordwestlich des heutigen Schlosses gestanden hat. An der Stelle dieser einstigen Wasserburg stand auch der alte Burgstall, der wohl Mitte des 16. Jahrhunderts erbaut worden war. Da der Vorgängerbau des heutigen Schlosses, der „alte Burgstall", um 1600 nicht mehr bewohnbar war, beschlossen die Grafen Gottfried zu Oettingen-Oettingen und Graf Wilhelm II. zu Oettingen- (Alt) Wallerstein den Schlossneubau. In einem Kostenüberschlag vom 9. November 1600 heißt es, *„das alte Burgstall abzubrechen, abzuräumen und den Grund zu graben."* Als Bauleute konnten die aus dem „Welschland" stammenden Peter und Hans Alberthal, Vater und Sohn, verpflichtet werden. Im November 1631 zerstörten kaiserliche Soldaten den Schlossbau nicht unerheblich, doch konnten die Schäden bald darauf wieder behoben werden.

Bis 1692 befand sich das ursprünglich gemeinsame Schloss in oettingen-oettingischem Besitz, dann veräußerte es Fürst Albrecht Ernst II. zu Oettingen-Oettingen an den Grafen Franz Albrecht zu Oettingen-Spielberg. Die Ausübung des katholischen Kultus im Schloss wurde aber auch für die Zukunft gewährt, weshalb 1692 auch mit dem Bau der Schlosskapelle St. Marien begonnen wurde. 1720 erfolgte die Verbindung von Schlosskapelle und Schlossbau. Damals wurde die Kapelle neu ausstuckiert und im Chor das Allianzwappen Oettingen-Schwendi angebracht. Die Herrschaft Schwendi war 1689 durch Heirat an das Haus Oettingen-Spielberg gekommen. Schloss Hirschbrunn diente von nun an den Fürsten zu Oettingen-Spielberg als Jagdschloss. Nach Auskunft von Johann Georg Moll in seiner „Sammlung von dem Ries" logierten sie hier im Frühling, im Sommer und im Herbst sowie in den Hirschbrunftzeiten. Bis etwa 1990 wurde Hirschbrunn seitens des fürstlichen Hauses und seiner Gäste immer wieder als Jagdaufenthalt genutzt.

HINWEIS

Das Schloss ist heute noch Eigentum des fürstlichen Hauses Oettingen-Spielberg und kann nicht besichtigt werden.

Ein besonderes Lob für die Gemäldesammlung des Fürsten Ludwig zu Oettingen-Wallerstein stammt von keinem Geringeren als von Johann Wolfgang von Goethe: *„Diejenige bedeutende Anzahl von Gemälden alter deutscher Meister, welche der Herr Fürst von Wallerstein aufgestellt hat, könnte man füglich eine Galerie nennen.“* Der Fürst hatte 1816 im Wallersteiner Schloss, im später sog. Galeriebau, eine Sammlung altdeutscher Gemälde eröffnet und diese der Öffentlichkeit zugänglich gemacht. Freilich hatte er sich dabei finanziell so sehr verausgabt, dass sein Bruder und Nachfolger, Fürst Friedrich (1793–1843), die Gemälde verkaufen musste. Er veräußerte sie 1828 an König Ludwig I. von Bayern, der sie der damals neu gegründeten Pinakothek in München eingliederte.

Das heutige Schloss ist eine Dreiflügelanlage aus dem beginnenden 19. Jahrhundert. Damals wurden die deutlich älteren Einzelgebäude zu einem Gesamtkomplex vereinigt: der sog. Küchenbau, das „Grüne Haus“, der „Welsche Bau“ und der Westtrakt, der oben genannte „Galeriebau“. Die sich hier anschließende, der Öffentlichkeit nicht zugängliche St.-Anna-Kapelle stammt im Kern aus dem 15. Jahrhundert.

Das Schloss wurde bis 1969 von der fürstlichen Familie bewohnt, dann zog sie in

das am anderen Ende gelegene sog. Moritzschlösschen, das ursprünglich als Beamtenwohnung errichtet worden war. 1971 erfolgte

Ludwig Mayle (?), Ruine der Burg Wallerstein, Öl auf Leinwand, wohl Mitte 19. Jh., Kopie eines Originalbildes aus der Zeit um 1730

im Hauptschloss die Aufstellung einer erlesenen Sammlung an Gläsern, Fayencen und Porzellan mit Exponaten namhafter Porzellanmanufakturen. Noch heute bildet die Dreiflügelanlage zusammen mit dem im 19. Jahrhundert in „englischem Stil" umgestalteten Park, dem Moritzschlösschen (Anfang 19. Jahrhundert), der imposanten, nach Wiener Vorbild errichteten Hofreitschule (1741–1751) und der Orangerie, auch „Teehaus" genannt (1835), ein schönes Beispiel einer adeligen Residenz des 18. und 19. Jahrhunderts.

Die Wallersteiner Hofmusik hatte unter dem Fürsten Kraft Ernst (1748–1802) und dem damaligen Hofkapellmeister Franz Anton Rosetti (1750–1792) ihre Glanzzeit. Schon Zeitgenossen rühmten das hohe Niveau dieser Kapelle, bei der auch Mozart im Jahre 1777 um eine Anstellung angefragt hatte.

Das alte Bergschloss: Aus dem Jahre 1188 stammt die erste Nachricht von der Burg Wallerstein auf dem Felsen hoch über dem Ort. Damals sollte die halbe Burg Wallerstein dem Sohn König Barbarossas anlässlich seiner bevorstehenden Vermählung mit der Tochter von König Alfons von Kastilien als Heiratsgut zugesprochen werden. Wegen des frühen Todes des Bräutigams ist es aber zur Heirat nicht mehr gekommen. Am 15. März 1648 wurde das Bergschloss von schwedischen Truppen in Brand geschossen und der Rest gesprengt. Der frei zugängliche Wallersteiner Felsen bietet einen schönen Panoramablick über das Ries.

Heute ist nur noch der untere Mauerring des 16. Jahrhunderts mit dem 1582 datierten Tor erhalten. In einem einst zur Burganlage gehörenden Gebäudekomplex befindet sich jetzt ein Gasthof: der „Fürstliche Keller".

HINWEIS

Das Schloss ist in Privatbesitz und kann nicht besichtigt werden. Infos unter: www.fuerst-wallerstein.de,
Gaststätten: Tel. des Fürstlichen Kellers: 0 90 81/2 759 09,
Tel. des Goldenen Löwen: 0 90 81/2 76 60

Harburg

Johannes Müller, Harburg, Aquarell, 1822

Die folgenden Zeilen stammen aus der berühmten Biographie des aus Balgheim im Ries gebürtigen Karl Heinrich Ritter von Lang (1764 bis 1835), der ja bekanntlich selbst mehrere Jahre in Diensten der fürstlichen Häuser Oettingen-Wallerstein und Oettingen-Spielberg gestanden hat: *„Ich weiß einen armen Teufel. Der viele Jahre lang im Kerker zu Harburg saß, weil die Regierung nicht wusste, welches von den vorliegenden Urteilen sie an ihm sollte vollziehen lassen, ob als Dieb ihn hängen, auspeitschen, ins Zuchthaus setzen, des Landes verweisen oder mit angerechneter Arreststrafe zu entlassen. Am Ende hat er selbst den Gescheiten gemacht und ist ausgebrochen."*

Lang wusste natürlich, dass die mächtige Harburg als Sitz eines Oberamtes auch Gefängnisort war und dass hier tatsächlich einmal über viele Jahre ein unglücklicher Gefangener einsaß. Bei Anton Diemand, dem langjährigen Archivar des fürstlichen Hauses Oettingen-Wallerstein, ist nachzulesen, dass im sog. Unholdenloch ein Gefangener 32 Jahre aushalten musste, bevor er wieder das Tageslicht erblicken durfte.

Die Harburg, ein Juwel an der Romantischen Straße, gilt als eine der ältesten, größten und besterhaltenen Burgen Deutschlands und als die größte Stauferpfalz nördlich der Alpen. Wer heute einen Rundgang durch die Harburg macht, der erhält aber nicht nur ein anschauliches Bild dieser Burg als eines ehemaligen Gefängnisortes, sondern er lernt hier auch eine überaus gut erhaltene Burganlage mit einer bis in die Zeit des hohen Mittelalters zurückreichenden Bausubstanz kennen. Die Harburg, 1150 erstmals erwähnt, beeindruckt nicht nur durch ihre Größe, sondern auch durch ihre wohl erhaltenen Bauten aus dem

HINWEIS

Führungen täglich außer Montag, von Ostern bis 31. Oktober von 10–17 Uhr.
Anmeldung für Gruppen unter
Tel. 0 90 80/96 86-0 oder 96 86-30,
E-Mail: schloesser@fuerst-wallerstein.de,
www.fuerst-wallerstein.de
Fürstl. Burgschenke mit Hotel in der ehemaligen Burgvogtei, Tel. 0 90 80/15 04,
Infos unter www.burgschenkeharburg.de

13. bis 18. Jahrhundert. 1299 ist sie vom Reich auf dem Pfandwege an das Haus Oettingen gekommen und da die Pfandschaft nie eingelöst wurde, ging die Burg in das Eigentum der Oettinger über. Als die 1674 gefürstete Linie Oettingen-Oettingen mit Fürst Albrecht Ernst II. 1731 ausstarb, kam die Harburg an das Haus Oettingen-Wallerstein, das die Anlage im Jahr 2000 in die gemeinnützige Kulturstiftung des fürstlichen Hauses Oettingen-Wallerstein überführt hat.

Die beiden Bergfriede, heute „Faulturm“ und „Diebsturm“ genannt, mit ihren mächtigen „staufischen“ Buckelquadern gehören zusammen mit der oberen Burgmauer und dem zweiten Burgtor zu den ältesten Bauteilen der Anlage, die insbesondere in den Bauphasen des 16./17. und 18. Jahrhunderts ausgebaut und erneuert worden ist. Damals wurden nicht nur der Palas, heute Fürstenbau, sondern auch die Burgvogtei und der Marstall/Kastenbau erneuert, um nur die wichtigsten Bauarbeiten zu nennen. Unter dem 1731 verstorbenen Fürsten Albrecht Ernst II. zu Oettingen-Oettingen wurden dann Teile der Burg barockisiert. Um 1720 entstand der Festsaal, dessen schöner Stuck von einem ortsansässigen Künstler Mitte des 18. Jahrhunderts noch einmal überarbeitet worden ist. Um 1720 wurde auch die evangelische Schlosskirche St. Michael erweitert und erneuert. Sie ist heute eine beliebte Hochzeitskirche.

Hohenaltheim trat schon früh mit einem bedeutenden Ereignis ins Licht der Geschichte. Am 20. September 916 tagte hier „in Altheim in pago Retiense" auf Einladung König Konrads I. eine Bischofssynode. Auf Hohenaltheim war die Wahl wohl wegen der zentralen Lage des Ortes an der Nahtstelle zwischen Bayern, Schwaben und Franken gefallen. Außerdem bot der große und befestigte, in unmittelbarer Nähe zur Kirche St. Johannes gelegene Fronhof Schutz und Lagermöglichkeiten. Es ist davon auszugehen, dass der Ansitz des in Hohenaltheim 1238 erstmals nachweisbaren Ortsadels der Herren von Altheim nicht hier oben auf dem Berg gelegen hat, sondern unten in der Talaue, wo heute das schöne Rokokoschloss des fürstlichen Hauses Oettingen-Wallerstein steht.

Dieses Schloss ist der Nachfolgebau des Ansitzes der seit dem 13. Jahrhundert nachweisbaren Herren von Altheim (s. Bild rechts) und ihrer Besitznachfolger. Nachdem die Familie mit Wolfgang von Altheim 1508 ausgestorben war, wechselte das Schlösschen mehrmals seine Besitzer, bis es schließlich wieder an Oettingen gekommen ist. 1710 ließ Fürst Albrecht Ernst II. zu Oettingen-Oettingen das von einem Wassergraben umgebene Schloss abbrechen und einen Neubau errichten. Nach und nach entstanden die Gebäudeteile, die heute noch das Schlossareal kennzeichnen: der Hauptbau, die beiden Prinzenbauten, Küchenbau, Orangerie, Reithaus sowie die Ka-

pelle und als Gegenstück zum Hauptgebäude der einstöckige Gartenbau, das sog. Laboratorium.

Hier gab es viele illustre Gäste: 1730 besuchte König Friedrich Wilhelm I. von Preußen zusammen mit seinem Sohn, dem Kronprinzen Friedrich, und mit großem Gefolge den Fürsten Albrecht Ernst II. zu Oettingen-Oettingen und 1777 sprach Mozart auf seiner Suche nach einer neuen Stelle als Kapellmeister beim Fürsten Kraft Ernst zu Oettingen-Wallerstein vor. Aus der Anstellung wurde nichts, da der Fürst damals um seine kurz zuvor verstorbene Gemahlin trauerte und Fürst Kraft Ernst deshalb kein Interesse für die Musik hatte. Das „miserable Wirthshaus“, in dem Mozart und seine Mutter damals übernachtet hatten und von dem die Mutter in einem Brief an ihren Mann berichtet, steht nicht mehr. Es befand sich auf dem heute freien Platz vor den Toren des Schlosses.

Nicht unerwähnt soll bleiben, dass im Sommer des Jahres 1953 Bundespräsident Theodor Heuss Fürst Eugen zu Oettingen-Wallerstein auf dessen Sommersitz in Hohenaltheim besucht hatte.

HINWEIS

Das Schloss ist in Privatbesitz und kann nicht besichtigt werden. Historische Gerichtsstätte zwischen der Kirche St. Johannes und dem sog. „Straußenhof“

Auf dem Weg nach Leitheim lohnt es sich, auch Donauwörth einen Besuch abzustatten und das einstige Wohnhaus des kaiserlichen Pflegers, heute Landratsamt, am westlichen Ende der Reichsstraße zu besichtigen. Am Mangoldstein, in unmittelbarer Nähe zum Rathaus, erinnert eine Gedenktafel an die einst hier stehende mächtige Stammburg der Edelfreien von Werd, die freilich schon 1301 zerstört worden ist.

Im Jahre 1376 hatte Kaiser Karl IV. die Reichsstadt „Schwäbischwerd", also das heutige Donauwörth, an Bayern verpfändet. 1422 fiel die Stadt aus der Reichspfandschaft von Bayern wieder an das Reich zurück. In diesem Jahr erhielt die Reichsstadt Donauwörth auch das Recht, den Reichspfleger zu wählen, der somit städtischer Beamter wurde. Oblag diesem im Stadtbezirk nur die Wahrnehmung einiger weniger Rechte, so standen ihm im Bereich der Reichspflege Wörth doch eine Reihe wichtiger Hoheitsrechte zu. Die Stadt hatte nunmehr aber auch für die Wohnung des kaiserlichen Pflegers zu sorgen. 1423 wurde dafür ein Bürgerhaus angekauft, aber noch im 15. Jahrhundert ließ der Pfleger Balthasar Wolf ein eigenes Pfleghaus mit einem Gefängnis errichten, das 1506 um ein weiteres Haus erweitert werden musste.

1536 erwarben die Fugger dieses Anwesen zusammen mit der Reichspflege um 6.000 Gulden. In den folgenden Jahren 1537–39 ließ Anton Fugger die alten Häuser zumindest teilweise abbrechen und einen

Neubau, den heutigen Eckbau, errichten und im Inneren prachtvoll ausgestalten. Die Arbeiten dauerten bis 1543. Baumeister war der in fuggerischen Diensten stehende Quirin Knoll, die Steinmetzarbeiten verrichteten Bernhard Zwitzel und Hans Breithart aus Augsburg.

Das Gebäude gab illustren Gästen Logis. 1632 wohnte hier König Gustav Adolph von Schweden und 1711 Kaiser Karl VI. Im Jahre 1723 aber verkauften die Fugger das stattliche Anwesen und die Reichspflege um 80.300 Gulden an die Stadt Donauwörth. Aus finanziellen Gründen musste die Stadt die Reichspflege jedoch bald wieder veräußern. Am 24. September 1749 wurde der Verkauf der Reichspflege an das Kurfürstentum Bayern besiegelt. Die Reichspflege blieb bis zum Beginn des 19. Jahrhunderts als eigenes Territorium erhalten, ehe im September des Jahres ein königlich-bayerisches Landgericht Donauwörth geschaffen wurde. Nachdem 1934 das Äußere des Fuggerhauses restauriert worden war und drei Jahre später im Inneren Umbauarbeiten erfolgten, wurde das zweigeschossige, schlossartige Haus im 2. Weltkrieg durch Bomben stark beschädigt. Über 70 Prozent der Altstadt Donauwörths wurden damals zerstört. Nach 1945 konnte das Fuggerhaus neben vielen anderen Häusern in der Reichsstraße jedoch wieder hergestellt werden. Die Inneneinrichtung des Gebäudes muss einst sehr schön gewesen sein. Ein Zeitgenosse des 16. Jahrhunderts meinte gar, das Pfleghaus könne eine Königswohnung sein. Auch wenn von der historischen Inneneinrichtung nicht mehr viel erhalten ist, so lassen die verbliebenen Reste doch noch erahnen, wie schön das Gebäude einst ausgestattet gewesen sein muss.

HINWEIS

Ausstellung zur Geschichte des Fuggerhauses. Zu besichtigen während der Öffnungszeiten des Landratsamtes Donau-Ries.

Amerdingen lag in historischer Zeit an der Grenze zwischen Pfalz-Neuburg und der Grafschaft Oettingen. Tatsächlich hatten beide Herrschaften einst Anteil an Amerdingen, wobei der pfälzisch-bayerische Teil aus dem konradinischen Erbe stammte und erstmals im Herzogsurbar des Jahres 1280 erschien. Während diese Hoheitsrechte in Form der Lehenshoheit über einen Teil des Dorfes lange Zeit erhalten geblieben sind, bezog sich der oettingische Anteil auf den adeligen Ansitz, auf Widdum, Zehnt, Patronat und einige Sölden. Die ursprünglich oettingische Dorf- und Gerichtsherrschaft wurde 1328 an Hans von Scheppach zu Amerdingen verkauft.

Als Ortsadel sind zuerst die Herren von Amerdingen nachweisbar, nach deren Rückzug die Herren von Scheppach maßgeblich an der Dorfherrschaft beteiligt waren. Sie besaßen, mit mehr oder weniger langen Unterbrechungen, bis zu ihrem Aussterben im Mannesstamm 1564 das Gut Amerdingen. Die Witwe des 1564 verstorbenen Veit von Scheppach brachte ihren Anteil an diesem Gut in ihre zweite Ehe mit Hans Schenk von

Stauffenberg zu Wilflingen, einem pfalz-neuburgischen Rat. Bis in das 19. Jahrhundert hinein hielten die Stauffenberg das Rittergut Amerdingen in ihren Händen. 1806 kam die Souveränität der Herrschaft an das Königreich Bayern. Das sehenswerte Schloss aber gehört der Familie heute noch. Franz Ludwig Schenk von Stauffenberg wurde 1874 von König Ludwig II. in den erblichen Grafenstand erhoben. Unmittelbar bei der Dorfkirche gelegen, handelt es sich dabei um einen dreigeschossigen Rechteckbau. In seinem Giebeldreieck stehen die Wappen Stauffenberg und Zobel von Giebelstadt. Das Hauptgebäude schließt mit zwei eingeschossigen, freistehenden Flügelbauten den Ehrenhof ein.

Der heutige Schlossbau wurde auf Veranlassung des Johann Franz Schenk von Stauffenberg unter der Leitung und nach Plänen des Bamberger Baumeisters Lorenz Finck von 1784 bis1788 errichtet, nachdem der Vorgängerbau abgebrannt war. Die Stuckarbeiten von höchster Qualität schuf der Würzburger Künstler Materno Bossi. Die Wandfelder des Saales zeigen Landschaftsmalereien und allegorische Figuren und in einem der Salons sind klassizistische Papiertapeten in Wandfüllungen zu sehen, während das Eckkabinett mit Landschaftstapeten überrascht. Über dem Marmorkamin hängt hier das Porträt des Bauherren von Schloss Amerdingen. Entgegen des Planes von Lorenz Finck ist der Amerdinger Schlossgarten heute ein idyllischer Landschaftsgarten mit einem Rundtempelchen als Point de Vue aus der Zeit um 1795.

HINWEIS

Das Schloss ist in Privatbesitz und kann nicht besichtigt werden. Während der Rosetti-Festtage im Juni jeden Jahres finden hier Konzerte statt. Auskunft unter: Tel. 08 21/5 98 53 58 und 0 90 83/15 27

Schloss Leitheim, der einstige Sommersitz der Zisterzienseräbte von Kaisheim, ist nicht nur wegen seiner jährlich stattfindenden Schlosskonzerte weit über die Region hinaus bekannt, sondern auch wegen seiner kunstgeschichtlich wertvollen Innenausstattung.

Unter ihrem Abt Elias Götz errichteten die Zisterzienser von Kaisheim in den Jahren 1681 bis 1696 hier an den sonnigen Abhängen zur Donau ihre Sommerresidenz. Schon damals war das Schloss durch einen Laubengang mit der Kirche St. Blasius verbunden. 1751 ließ Abt Coelestin I. Meermos das Schloss um ein drittes Stockwerk erhöhen. Er beauftragte Gottfried Bernhard Göz (1708–1774), den Erfinder des Farbkupferstiches, mit einem Freskenzyklus in den einzelnen Räumen des Schlosses. Was damals geschaffen wurde, gilt als eine der „eindrucksvollsten Gesamtleistungen des bayerischen Rokoko in seiner Blütezeit". Der Zyklus beginnt mit dem Thema „Der Tag vertreibt die Nacht". Alle folgenden Fresken der anderen Räume fügen sich zu einem Gesamtkunstwerk zusammen. Eindrucksvollen Höhepunkt bildet hierbei der Festsaal mit der Darstellung

der „fünf Sinne“. Als Verkörperung aller Sinne wählte der Künstler ein Selbstbildnis. Mit einer Geste verweist er auf das Porträtmedaillon seines Auftraggebers Abt Coelestin I. Meermos. Zusammen mit dem Wessobrunner Stuckator Anton Landes (1712–1764) schuf Göz mit diesem Freskenzyklus eines der bedeutendsten Werke dieser Art des süddeutschen Rokoko.

Im Zuge der Säkularisation des Klosters 1802 verblieb der einstige Sommersitz auch unter seinem neuen Eigentümer, dem Kurfürstentum Bayern, in Händen des letzten Abtes. Diesem wurde nämlich neben seiner Abtswohnung in Kaisheim auch Leitheim als Altersruhesitz überlassen. Erst mit seinem Tod im Jahres 1814 war das Schloss ohne Bewohner. Nachdem erste Verkaufs- und Abbruchbemühungen gescheitert waren, veranlasste im Jahre 1820 König Max. I. Joseph von Bayern den Verkauf des Schlosses an den Oberstküchenmeister Friedrich Ludwig Camill Marquis de Montperny. 1835 kam Schloss Leitheim auf Grund einer Heiratsverbindung an die Freiherren von Tucher. Am 10. August dieses Jahres hatte nämlich Friederike, die Tochter des Marquis de Montperny, Carl Friedrich Wilhelm Freiherrn Tucher von Simmelsdorf geheiratet.

Im Sommer jeden Jahres finden hier hochkarätige kammermusikalische Konzerte statt. Albrecht Freiherr von Tucher hatte schon früh die Bedeutung des Schlosses für musikalische Aufführungen erkannt und begründete so 1959 die „Leitheimer Schlosskonzerte“.

HINWEIS

Schlosskonzerte im Juni, Juli und September im Rokokofestsaal, Tel. 0 90 97/10 16. Besichtigung für Gruppen nach Voranmeldung. E-Mail: konzerte@schloss-leitheim.de, www.schloss-leitheim.de

Es wäre gewiss ein Fehler, würde man die jenseits der Landkreis- bzw. Landesgrenze liegenden Schlösser unbeachtet lassen. Aus diesem Grunde soll deshalb in aller Kürze auf die bedeutendsten Objekte hingewiesen werden, wohl wissend, dass hierbei nicht alle Sehenswürdigkeiten angemessen gewürdigt werden können.

Nur wenige Kilometer abseits der Romantischen Straße liegt das schon von weitem sichtbare, auf einem Bergkegel gelegene **Schloss Baldern.** Schloss Baldern wurde im 18. Jahrhundert aus einer mittelalterlichen Burg in eine ansehnliche Schlossanlage umgestaltet. Baldern war der Mittelpunkt der gräflichen Linie Oettingen-Baldern und kam, nachdem das Geschlecht 1798 im Mannesstamm erloschen war, auf dem Erbwege an das fürstliche Haus Oettingen-Wallerstein. Die überaus sehenswerten Schauräume können im Rahmen von Führungen besichtigt werden. In der Schlossschenke kann eingekehrt werden.

Auf dem Härtsfeld, nicht weit von Neresheim und Dischingen entfernt, liegt die **Burg Katzenstein.** Wohl auf das 12. Jahrhundert zurückgehend, war die Anlage seit dem 13. Jahrhundert im Besitz der Edelfreien von Hürnheim-Rauhaus. 1354 verkauften diese ihre Burg an die Grafen von Oettingen. Seit 1669 saß hier die Linie Oettingen-Baldern-Katzenstein. Wie Baldern so kam auch Katzenstein auf dem Erbwege 1798 an das fürstliche Haus Oettingen-Wallerstein, das 1939 die imposante Burg an einen Privatmann verkaufte. Seit 1. April 2006 ist die Burg Katzenstein – nach langen Jahren eines Dornröschenschlafes – mit einem Gastronomiebetrieb wieder der Öffentlichkeit zugänglich.

Nur wenige Kilometer entfernt liegt die gut erhaltene **Ruine Flochberg.** Die hoch über der Stadt Bopfingen thronende einstige Stauferburg kam 1330 in den Besitz des Hauses Oettingen und wurde im Jahre 1648, also im letzten Jahr des 30-jährigen Krieges, zerstört. Die stattlichen Überreste sind nach langen Jahren einer gründlichen Sicherung und Sanierung frei zugänglich.

Schloss Kapfenburg, im 14. Jahrhundert ebenfalls oettingischer Besitz, lag einst unmittelbar an einem alten Verkehrsweg in Richtung Remstal, der heutigen B 29. Im Jahre 1334 verkauften die Grafen von Oettingen

Links: Schloss Baldern; unten: Burg Katzenstein, rechts: Schloss Kapfenburg

die Burg an den Deutschen Orden. Nach der Auflösung des Deutschen Ordens kam das Schloss an das Königreich Württemberg und ist heute Eigentum des Landes Baden-Württemberg, das hier eine Musikakademie unterhält. Auch auf Schloss Kapfenburg kann eingekehrt werden

Schloss Ellwangen, seit 1460 Residenz der Fürstpröpste von Ellwangen, wurde 1603 bis 1608 zur heute noch erhaltenen Vierflügelanlage umgebaut. 1720 bis 1726 erhielt das Schloss seine barocke Innenausstattung mit zahlreichen Herrscherporträts. Seit 1803 wurde die imposante Anlage als königliches Apanage-Schloss des Hauses Württemberg genutzt. Im Jahre 1908 richtete man hier ein sehenswertes Schlossmuseum ein.

In **Schloss Fachsenfeld,** dessen Geschichte bis in das 16. Jahrhundert zurückreicht und das mit dem Namen der Freiherren von Wöllwarth auf das Engste verbunden ist, kommt sowohl der Geschichtsfreund als auch der Liebhaber von Kunst und Natur auf seine Kosten. 1827 erwarb der Oberjustizrat Wilhelm von König das Schloss und ließ es in den folgenden Jahrzehnten zur heutigen Form umbauen und erweitern. Anfang des 20. Jahrhunderts erfolgte der Ausbau der Jugendstilbibliothek.

Noch ein Blick nach Franken. Unmittelbar an der B 466 liegt **Schloss Spielberg** bei Gnotzheim, das seit 1983 von der Künstlerfamilie Steinacker bewohnt und gepflegt wird. Einst zum Burgensystem der Grafen von Truhendingen gehörend, kam Spielberg nach dem Aussterben der Grafen von Truhendingen endgültig 1363 an die Grafen von Oettingen und wurde später Stammsitz der 1734 gefürsteten Linie Oettingen-Spielberg.

In der Nähe von Unterschwaningen, wo heute noch große Teile eines einst ansehnlichen Schlosses der Markgrafen von Brandenburg stehen, liegt **Schloss Dennenlohe.** Mit seinem großräumigen Park und dem üppigen Rhododendrongarten zieht es jedes Jahr zahlreiche Besucher an. 1734 erbaut, befindet sich das Schloss seit 1825 im Besitz der Freiherren von Süßkind.

Literatur:

Dehio, Georg, Handbuch der deutschen Kunstdenkmäler Bayern III: Schwaben, bearb. von Bruno Bushart und Georg Paula, München, Berlin 1989

Gröber, Karl, Horn, Adam, Kunstdenkmäler von Bayern. Bezirksamt Nördlingen, München 1938

Grünenwald, Elisabeth, Sponsel, Wilfried, Schloss Oettingen, Oettingen 1999

Horn, Adam, Kunstdenkmäler von Bayern. Landkreis Donauwörth, München 1951

Kudorfer, Dieter, Oettingen (Historischer Atlas von Bayern), München 1988

Sponsel, Wilfried, Steger, Hartmut, Vergangene Burgen und Herrensitze im Blickfeld des Rieses, Augsburg 2004

Vollmar, Bernd u.a., Denkmäler in Bayern. Stadt Nördlingen, München 1998

Meyer, Werner, Burgen und Schlösser in Bayerisch-Schwaben, Frankfurt 1979

Wer nach dem Besuch des Landkreises Donau-Ries im benachbarten Landkreis Dillingen seine Suche nach Burgen und Schlössern fortsetzen möchte, der wird reich belohnt. Denn auch hier muss von einer hohen Burgendichte während des Mittelalters ausgegangen werden: In nahezu jedem Ort war im Mittelalter der Wohnsitz einer Familie des Niederadels, die sich nach dem betreffenden Ort nannte und in einem Lehen- oder Dienstverhältnis zu einer der hochadeligen Familien stand. Zu diesen zählten neben den Staufern und Wittelsbachern die Grafen von Dillingen und Oettingen, aber auch die Edelfreien bzw. Herren von Fronhofen-Hohenburg, Gundelfingen, Faimingen, Hageln, Stein zum Diemantstein und Westerstetten. Ein großer Teil der Ansitze und Burgen dieser Herrschaften ist inzwischen untergegangen – einige freilich erst im 18./19. Jahrhundert. Und dennoch lassen die heute noch erhaltenen Adelssitze etwas von diesem früheren Burgenreichtum erahnen. Wie eine Perlenschnur reihen sich nämlich entlang der Donau die einstigen Burgen, Schlösser und Residenzen.

Um 1800 verteilte sich die Landeshoheit im Gebiet des heutigen Landkreises auf fünf Herrschaften, nicht eingerechnet die kleinen Reichsritterschaften. Landeshoheitliche Rechte besaßen damals das Hochstift Augsburg, Kurbayern, Österreich, das 1774 gefürstete Haus Oettingen-Wallerstein und das gräfliche Haus Fugger.

Nicht alle Burgen und Schlösser dieser Region können hier ausführlich gewürdigt werden. Dazu gehört – mit einem Blick über die Landkreisgrenze hinweg – das von den Äbten von Kaisheim 1730 errichtete Schloss in Tapfheim ebenso wie das Amtshaus (1720/30) des Donauwörther Klosters Heilig Kreuz in Donaumünster, das durch seine Besitzer, den Dichter und Alchemisten Alexander von Bernus und seine Gemahlin Ida, im 20. Jahrhundert weithin bekannt geworden ist. Zu erwähnen sind in diesem Zusammenhang auch die Schlösser in Altenberg, Bächingen, Glött, Gundelfingen (Schloss Schlachtegg), Oberbechingen und Staufen. Die Anfänge von Schloss Lauingen gehen auf das Jahr 1472 zurück. Es wurde insbesondere im 18. Jahrhundert durch den Einbau einer Brauerei im Inneren grundlegend umgestaltet. Durch die letzte Umgestaltung zu einem von Elisabetherinnen betreuten Pflegeheim für kranke Frauen wurde bis 1951 der Bau in seinem Äußeren soweit wieder hergestellt, dass er dem „Urzustand" weitgehend nahe kommt. Ihrem ursprünglichen Zweck als Herrensitz dienen im Übrigen heute nur noch die Schlösser in Bächingen und Haunsheim.

Auch wenn die Würdigung dieses geschichtsträchtigen Raumes im „Historischen Atlas von Bayern" noch auf sich warten lässt, so hat die Arbeit einer Reihe von Geschichtsforschern doch die Bedeutung der schon 1286 mit Bischof Hartmann ausgestorbenen Grafen von Dillingen deutlich gemacht. Auf sie geht beispielsweise auch die Gründung von Kloster Neresheim auf dem Härtsfeld im Jahre 1095 zurück. Im Kesseltal, in der Gegend um Bissingen, haben dagegen die um 1140 erstmals genannten Grafen von Oettingen, aber auch die Edelfreien von Fronhofen und Hohenburg ihre Spuren hinterlassen. An diese erinnern noch die Reste ihrer Burgen bei der Hohenburger Mühle in der Nähe des idyllisch gelegenen und schon von weitem sichtbaren Michelsberges sowie bei dem kleinen Ort Hochstein.

Im Donautal aber steht das Erbe der Wittelsbacher Herzöge in Form ihrer imposanten Schlösser, die hier einst als Residenzen, als Witwensitze oder auch als Amtssitze unübersehbar das Gesicht der Landschaft geprägt haben. Landschaftsprägend waren aber auch die kleinen Hofmarkschlösser wie z.B. Schloss Kalteneck oder das Schloss in Finningen, die den Mittelpunkt eines meist nicht sehr großen Herrschaftsgebietes mit eigener niederer Gerichtsbarkeit und grundherrschaftlichen Rechten bildeten. Auch sie sollen in diesem Zusammenhang nicht vergessen werden, zumal sie heute als Gaststätten über die Landesgrenze hinweg bekannt sind.

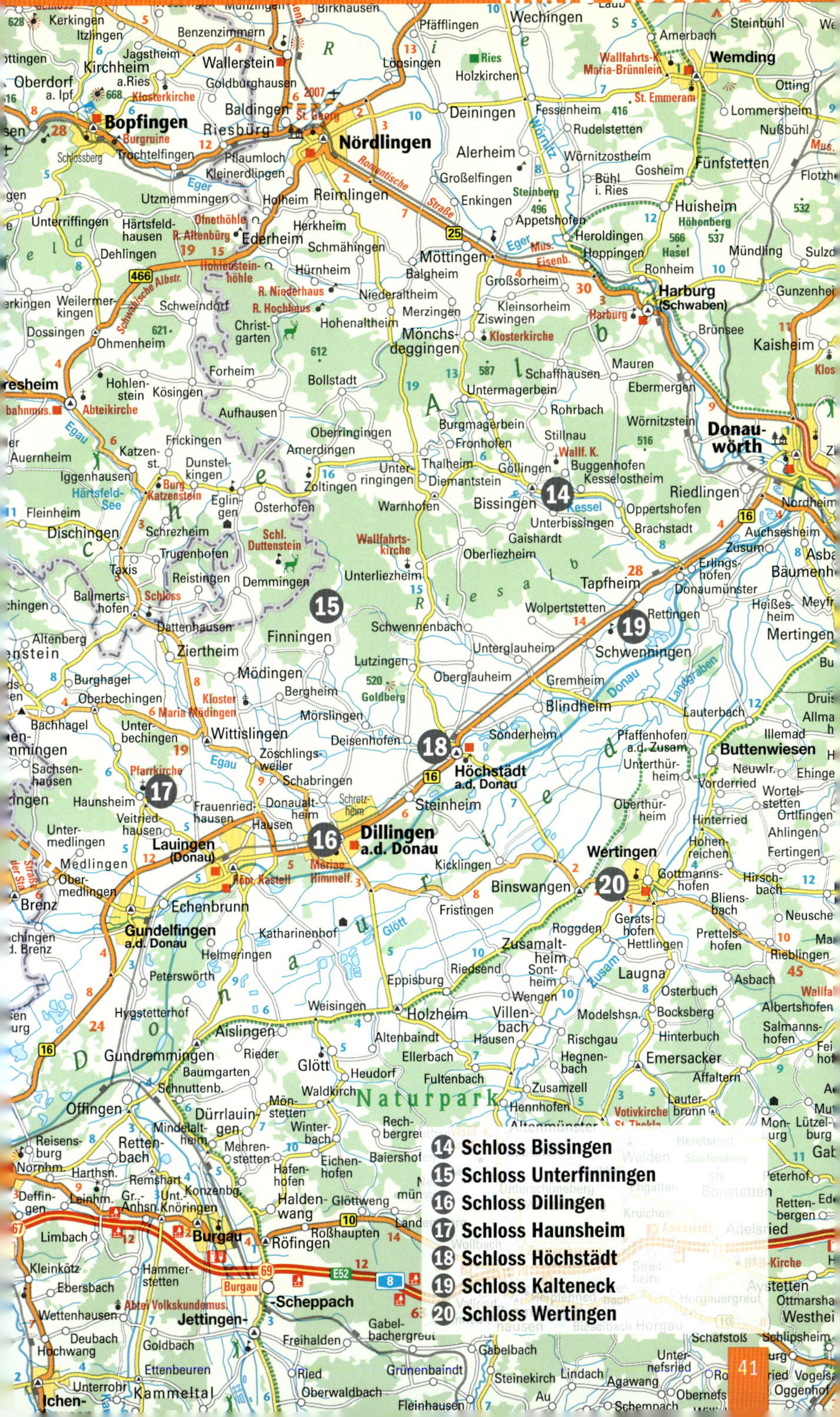
14 Schloss Bissingen
15 Schloss Unterfinningen
16 Schloss Dillingen
17 Schloss Haunsheim
18 Schloss Höchstädt
19 Schloss Kalteneck
20 Schloss Wertingen
Nördlingen
Bopfingen
Wemding
Harburg (Schwaben)
Donauwörth
Höchstädt a.d. Donau
Dillingen a.d. Donau
Lauingen (Donau)
Gundelfingen a.d. Donau
Wertingen
Buttenwiesen
Burgau
Naturpark
Donau
Romantische Straße
Schwäbische Albstr.

HINWEIS

Das Schloss ist in Privatbesitz und kann nicht besichtigt werden.

Schon von weitem ist der dreigeschossige Bau des Bissinger Schlosses in unmittelbarer Nähe zur kath. Pfarrkirche St. Peter und Paul zu sehen. Schloss Bissingen war der Mittelpunkt einer umfangreichen Herrschaft im oberen Kesseltal. Allerdings lag der ursprüngliche Herrschaftsmittelpunkt nicht hier in Bissingen, sondern bei der Burg Hohenburg, von der heute aber nur noch wenige Reste erhalten sind.

Vom 13. bis 15. Jahrhundert gehörte die Herrschaft Hohenburg-Bissingen vorübergehend den Grafen von Oettingen, die sie aber mehrmals verpfändeten. 1455 verkauften die Grafen, wohl aus finanziellen Gründen, die Herrschaft an Hans Schenk von Schenkenstein. 1661 sollte die Herrschaft erneut oettingisch werden, wie aus den im Folgenden geschilderten mehrmaligen Besitzerwechseln hervorgeht. Über Waldemar von Lobkowitz-Hassenstein-Maschau, Ehemann der Erbtochter des Hans Schenk von Schenkenstein, den Augsburger Feldhauptmann Sebastian Schertlin von Burtenbach (1557) und die Freiherren von Bemelberg (1568) kam das Rittergut schließlich an den Grafen Karl Fuchs von Fuchsberg (1651), der es zehn Jahre später, im Jahre 1661, an Graf Ernst II. zu Oettingen-Wallerstein verkaufte. Nach rund 200 Jahren war Bissingen nun wieder im Besitz des Hauses Oettingen. Der weithin bekannte Augsburger Feldhauptmann Sebastian Schertlin von Burtenbach, auf dessen Spuren man übrigens auch wieder in Burtenbach stoßen wird, ließ das Schloss ab Mitte des 16. Jahrhunderts zu seiner heutigen Form umbauen. Damals entstand im Wesentlichen ein rechteckiger, dreigeschossiger Giebelbau mit Ecktürmen. Außer dem Schloss sind von der umfangreichen Anlage noch zwei Türme erhalten, die wohl als Ecktürme des Schlosshofes dienten, sowie der Wirtschaftshof mit ehemaligen Stall- und Speicherbauten.

Das Schloss wurde mehrmals als Witwensitz oettingischer Fürstinnen, später aber auch als Amtsgebäude genutzt. Zuletzt war hier das fürstliche Forstamt Bissingen eingerichtet. 1979 veräußerte das fürstliche Haus Oettingen-Wallerstein Schloss Bissingen an einen privaten Eigentümer. Dieser ließ das Schloss in großen Teilen restaurieren. Erst jüngst ist ein neuer Besitzer aufgezogen.

SCHLOSS UNTERFINNINGEN

Den interessierten Besucher erwartet in Unterfinningen kein großes und weiträumiges Schloss, dafür aber ein durchaus sehenswertes Schlösschen, in dem man sich heute mit Speis und Trank verwöhnen lassen kann. Schon lange ist die hier gepflegte und mit Preisen ausgezeichnete Schlossküche nicht nur Insidern bekannt.

Der Ort wurde erstmals im Jahre 1262 als „Vinningen" genannt, 1334 ist von „Herrenfinningen" die Rede. Auch hier in Unterfinningen, wie der Ort zur Abgrenzung gegen das benachbarte Oberfinningen genannt wurde, ist seit dem 13. Jahrhundert ein Ortsadelsgeschlecht, die Herren von Finningen, nachweisbar. Mitglieder dieser sich nach dem Ort nennenden Familie sind bis Mitte des 14. Jahrhunderts bezeugt. Es spricht manches dafür, dass die Familie dann nach Utzmemmingen im Ries übersiedelt ist. Unterfinningen kam daraufhin in den Besitz der Herren von Erslingen, danach im Jahre 1443 an St. Ulrich und Afra in Augsburg, das auch im angrenzenden Oberfinningen begütert war.

Bei St. Ulrich und Afra verblieb das Gut bis zur Säkularisation des Stiftes im Jahre 1803. Die Hofmark mit ihrem Hofmarksitz, dem nahe bei der Kirche stehenden Wasserschlösschen, wurde bayerisch und kam dann aus staatlichem Besitz in private Hände. Seit 1929 gehört das „Schlössle" der Familie Brugger, die bis heute – nun schon in der vierten Generation – das Schlossrestaurant betreibt.

Das einstige Wasserschloss, dessen Graben aber weitgehend eingeebnet ist, stammt im Wesentlichen aus der ersten Hälfte des 16. Jahrhunderts. 1458 wurde es als „castrum fossatum" erstmals erwähnt. Wuchtige Gewölbedecken aus der Frühzeit des Schlosses sind im Erdgeschoss zu sehen. Im ersten Stock befindet sich ein Raum mit Stuckarbeiten aus der Zeit um 1720, während im zweiten Stock ein Wappen im Deckenstuck aus der Zeit um 1750 auf den damaligen Besitzer St. Ulrich und Afra hinweist.

HINWEIS

Restaurant-Landgasthof „Zum Schlössle",
89435 Finningen, Familie Brugger,
Tel. 09074/4078,
E-Mail: Landgasthof@schloessle.de
Infos unter: www.schloessle.de

Zum Schlössle

Schloss Dillingen

SCHLOSS DILLINGEN

Der stattliche Bau des Dillinger Schlosses ist das Werk mehrerer Jahrhunderte. Zur Landessicherung gegen die damals drohenden Ungarneinfälle bestand hier schon im 10. Jahrhundert eine Verteidigungsanlage, von der heute aber nichts mehr erhalten ist. Von der Steinburg der Grafen von Dillingen aus dem 12. Jahrhundert sind dagegen noch die Reste der Buckelquader im Mauerwerk zu erkennen. Die ältesten Bauteile gehen somit zumindest in die staufische Kaiserzeit zurück. Die Anlage kam 1257 an das Hochstift Augsburg und diente den Augsburger Bischöfen als Zufluchtsort in Kriegszeiten. Im 14. Jahrhundert wurde die Burg fürstbischöfliche Residenz und im 15. Jahrhundert auch Sitz der Verwaltungsbehörden des Hochstifts. Heute ist die mächtige Anlage Behördensitz. Ein erster größerer Umbau erfolgte unter Bischof Peter I. von Schaumburg – um 1450 dürfte er vollendet gewesen sein. Nur wenige Jahre später, 1485 bis 1520, erfolgte die Umwandlung der mittelalterlichen Wehrburg in ein gotisches Burgschloss. Während des 16. Jahrhunderts wurde ständig erneuert und ergänzt. So wurde 1585 z.B. der Nordwestturm um mehrere Stockwerke erhöht. Um 1600 dürfte die Anlage in der heutigen Form weitgehend fertiggestellt gewesen sein. In der Folgezeit ging es in erster Linie darum, die 1645 und 1705 entstandenen Kriegsschäden zu beseitigen und die Innenausstattung zu verändern. Von der reichhaltigen Barockausstattung ging im 19. und 20. Jahrhundert das meiste verloren.

Unter Fürstbischof Johann Franz Schenk von Stauffenberg (1737–1740) gestaltete Johann Caspar Bagnato den Ehrenhof und die

Torhalle im Norden der Anlage, wodurch der bis zu diesem Zeitpunkt isoliert gelegene Baukomplex stärker mit der Stadt verbunden werden sollte. Bagnato gestaltete weiterhin die hofseitige Fassade des Nordflügels neu und gab dem Südflügel ein einheitliches Aussehen. In der Gesamtschau der vierflügeligen Anlage lassen sich somit mehrere Baukörper unterscheiden. Der Nordflügel mit der 1687 barockisierten Schlosskapelle St. Johannes und dem Ehrenhof, der Ostflügel mit dem ehemaligen Festsaal, der Westflügel mit der Franz von Sales geweihten Kapelle sowie der Südflügel mit dem Kleinen Rittersaal. Im Süden der Anlage liegt der Schlossgarten mit dem 1599 errichteten Salettl und der Ulrichskapelle. Östlich der Anlage gelangt man zu der 1764 erbauten einstigen Brauerei. Westlich des Schlosses findet sich das sog. Brucktörle mit seinen beiden Zwiebeltürmen, das einstige Tor zur mittelalterlichen Burg.

Zum gesamten Komplex gehörten auch die ehemalige Hauptwache, heute Gasthaus „Schlosswache", sowie die Alte Kaserne, heute Polizeidirektion, und die ehemalige Reitschule.

HINWEIS

Heute ist im Schloss das Finanzamt untergebracht. Wegen Sanierungs- und Bauarbeiten finden auf unbestimmte Zeit keine Führungen statt. Von besonderem Interesse ist auch das Stadt- und Hochstiftmuseum in unmittelbarer Nähe am Hafenmarkt. Besichtigung 1. und 3. So. von 10–13 Uhr und jeden Mittwoch von 14–17 Uhr. Tel. 09071/4400

Nur wenige Kilometer von Lauingen entfernt liegt Schloss Haunsheim, das ab 1601 an der Stelle einer hochmittelalterlichen Burg errichtet worden ist.

Seit der 2. Hälfte des 13. Jahrhunderts ist in Haunsheim ein gleichnamiger Ortsadel

nachweisbar. Als dieser um 1450 ausstarb, kam die Herrschaft für kurze Zeit an die Grafen von Helfenstein. Es folgte aber schon bald ein häufiger Besitzerwechsel: Über Lutz von Zipplingen, Fritz Schenk von Schenkenstein und Gabriel von Harbach und seinen Nachkommen kam Haunsheim in den Besitz der Herren von Wellwart und der Herren von Horkheim. Wolf Kaspar von Horkheim zeigte um 1600 ernsthafte Verkaufsabsichten. Zuerst bot er Schloss und Herrschaft dem Utz von Knöringen, dann der Stadt Ulm an. Letztlich erhielt im Jahre 1600 der Reichspfennigmeister Zacharias Geizkofler von Reiffenegg den Zuschlag. Geizkofler war mit der Augsburger Patriziertochter Maria Rehlingen verheiratet.

1601 erfolgte unter dem herrschaftlichen Vogt Jakob Neidlinger der Abbruch der alten Burg und bald darauf begann man mit dem Neubau des Schlosses. 1602 konnte man schon mit dem Innenausbau beginnen und 1604 war die repräsentative vierflügelige Anlage vollendet. Die Bauleitung lag in den Händen des Deutschordensbaumeisters Balthasar Reißner, der auch Werkmeister auf der Kapfenburg gewesen war.

1667 erwarben die Freiherren von Racknitz die Herrschaft Haunsheim. 1806 kam die reichsritterschaftliche Herrschaft unter bayerische Oberhoheit. 1822 erwarb der Augsburger Bankier Johann Gottlieb Freiherr von Süßkind die damals marode Burg. 1839 bezogen Süßkinds Tochter Amalie Wilhelmine und ihr Gemahl Hermann Franz Friedrich vom Holz Schloss Haunsheim, das 1849 auf dem Erbwege in ihren Besitz überging. 1864 schließlich erwarb das in den 1830er Jahren umgebaute Anwesen Franz Carl Hauch, dessen Familie 1867 in den Freiherrenstand erhoben wurde. Noch heute befindet sich Schloss Haunsheim im Besitz der Familie von Hauch.

Im Jahre 1823 brannte der Südflügel des Schlosses ab. Die Ruine wurde daraufhin zusammen mit dem Westflügel und der Kapelle abgebrochen, sodass heute von der einst vierflügeligen Anlage nur noch der nördliche und östliche Flügel erhalten sind. Damals wurden die verbleibenden Gebäude von „Werkmeister Bucher" aus Ulm neugotisch umgestaltet. Westlich des Schlosses liegt ein Park in englischem Stil mit reichhaltigem Baumbestand.

HINWEIS

Das Schloss ist in Privatbesitz.
Auf Anfrage können Teile des Schlosses und die Orangerie im Rahmen einer Führung besichtigt werden (ab 10 Pers.), Möglichkeit zum Anmieten einiger Räume.
Konzerte, Ausstellungen und Literaturabende in Orangerie oder Festsaal.
Schloss Haunsheim, Schlossstraße 24, 89437 Haunsheim,
Info unter Tel: 0 90 72/25 57

Schloss Höchstädt gilt als eines der herausragenden Denkmäler des einstigen Fürstentums Pfalz-Neuburg. Von Interesse ist aber auch seine Entstehungsgeschichte. Als Pfalzgraf Philipp Ludwig von Neuburg im Jahre 1574 Anna, die Tochter des Herzogs von Jülich-Kleve-Berg, ehelichte, verpflichtete er sich im Heiratsvertrag, für einen angemessenen Witwensitz zu sorgen. So ließ er ab 1589 an der Stelle einer mittelalterlichen Burg einen repräsentativen vierflügeligen Neubau errichten. Baumeister (Architekt) war wohl Lienhart Greineisen, ausführender Maurermeister war Gilg Vältin aus dem italienisch sprechenden Welschland, d.h. aus Roveredo im südlichsten Graubünden. 1592 dürfte der Rohbau fertiggestellt gewesen sein und schon ein Jahr darauf begann man mit dem Innenausbau, der sich bis 1599 hinzog und der vor allem durch kostbare Schreinerintarsienarbeiten (Türen,Vertäfelungen, Kassettendecken) geprägt war.

Mitte August des Jahres 1601 wurde der Bau als Jagdschloss von der fürstlichen Familie bezogen. Damals war auch die Ausmalung der über zwei Stockwerke reichenden Schlosskapelle abgeschlossen; sie war von dem Neuburger Hofmaler Mang Kilian mit Fresken ausgestaltet worden.

Nach dem Tod des Pfalzgrafen Philipp Ludwig in Neuburg im Jahre 1614 wurde Schloss Höchstädt schon ein Jahr darauf, im Oktober 1615, von seiner Witwe, der Pfalzgräfin Anna, bezogen, wie ja im Heiratsvertrag festgehalten worden war. Das Wittumamt mit der Stadt Höchstädt blieb dadurch bis zum Tod von Anna (1632) und letztlich bis zum Ende der schwedischen Besatzung 1634 evangelisch, während das übrige Fürstentum Neuburg schon im Jahr 1614 zum katholischen Glauben zurückkehrte.

Seit Anfang des 18. Jahrhunderts war das Schloss Wohnsitz des Landvogtes. Zu Beginn des 19. Jahrhunderts wurde es Amtssitz (Landgericht und Rentamt) und blieb dies bis 1928/44. In den Jahren 1944/45 waren hier zwei NS-Forschungsinstitute für die Vor- und Frühgeschichte des Ostraumes und der Uk-

raine untergebracht, danach ein Altenheim. Nach dessen Auszug 1967 stand das Schloss leer. Im Jahre 1979 begann nach der Übernahme durch die Bayerische Schlösserverwaltung eine grundlegende Sanierung und Restaurierung des Schlosses, das seit 2002 als Ausstellungsort dient und in dem seit 2005 eine Daueraustellung zum Thema „Die Schlacht von Höchstädt/The Battle of Blenheim“ und vor allem süddeutsche Fayencen zu sehen sind.

Die „Schlacht bei Höchstädt“ („The Battle of Blenheim“) im Spanischen Erbfolgekrieg (1701–1714) hat den Ort berühmt gemacht. Am 13. August des Jahres 1704 unterlagen die verbündeten Bayern und Franzosen britischen und kaiserlichen Truppen unter dem Herzog von Marlborough und dem Prinzen Eugen von Savoyen. 25.000 Mann verloren damals ihr Leben oder wurden schwer verwundet. Eine große Ausstellung zu diesem „Epochenereignis“ lockte im Jahre 2004 zahlreiche Besucher in das Schloss und nach Höchstädt.

HINWEIS

Schloss Höchstädt, Herzogin-Anna-Str. 52, 89420 Höchstädt, Tel. 09074/9585712. Wechselnde Ausstellungen zur schwäbischen Geschichte und Kulturgeschichte. Infos auch durch die Bayerische Verwaltung der staatlichen Schlösser, Gärten und Seen, Tel. 089/179080, E-Mail: info@bsv.bayern.de

Vom Namen „Kalteneck“ sollte man sich nicht davon abhalten lassen, dieses schön gelegene Renaissanceschlösschen aufzusuchen. Als „Kaltenegk“ erstmals 1425 erwähnt, verweist der Name wohl auf kalte Winde, die einst hier am östlichen Rand des Dorfes gepfiffen haben mögen. Doch heute ist das anders: Die stilvollen Gasträume laden zum gemütlichen Verweilen geradezu ein. Schloss Kalteneck in Schwenningen ist unter Freunden gepflegter Gastronomie eine gute Adresse.

Der Ort Schwenningen war einst Eigengut der Grafen von Dillingen, die hier aber Ministerialen mit dem Namen de Swennigen o.ä. sitzen hatten. Um 1140 erstmals genannt, blieben diese bis 1330 ansässig, um dann auf Burgen in Reistingen und Tapfheim überzusiedeln. Mit Hans III. erlosch die Familie um 1475 im Mannesstamm.

Werfen wir noch einen Blick auf die weitere Besitzgeschichte des Ortes. Nach dem Wegzug der Ritter von Schwenningen liegen erst wieder für das 15. Jahrhundert Nachrichten über die Inhaber der Hofmark vor. 1419 wird das Bürgergeschlecht Vetter aus Donauwörth genannt, 1534 Georg Besserer, Bürgermeister von Ulm, der bereits 1535 an Kaspar Schenk von Schenkenstein veräußerte. Weitere Besitzer waren: 1584 Georg Wilhelm von

Gundelsheim, 1617 Dr. Johann Zöschlin, pfälzischer Kanzler zu Neuburg, 1643 Hans Ernst von Taufkirchen, 1648 Hans Erhard von Erolzheim, 1699 Karl Albrecht von Beccaria, 1733 Scipio Freiherr von Valaise, 1735 Felix Joseph Freiherr von Müller, 1757 Katharina von Müller, 1788 Michael Jubert, Kastner in Höchstädt, 1815 Franz Xaver von Linder, Appellationsgerichtsrat in Neuburg, 1832 der bayerische Staat. 1830 bereits war erstmals in dem Gebäude eine Gastwirtschaft eröffnet worden. Die dazugehörende Brauerei wurde 1982 geschlossen.

Als man das alte Hofmarksgericht im Jahre 1819 in ein Patrimonialgericht 2. Klasse umwandelte, wurde das Schloss Sitz dieses Gerichts. Das Wasserschlösschen, ein schöner Renaissancebau mit vier Erkern, stammt im Kern aus dem Jahre 1570. In der berühmten Schlacht bei Höchstädt 1704 (s. S. 51) wohl teilweise zerstört, wurden die dabei entstandenen Schäden aber schnell wieder ausgebessert.

HINWEIS

Schloss Kalteneck, Kirchstraße 26,
89443 Schwenningen, Familie Dietrich,
Tel. 0 90 70/90 99 40,
E-Mail: info@schloss-kalteneck.de

Am Nordwestrand der Altstadt von Wertingen liegt das ehemalige Schloss, das heute als Rathaus und Heimatmuseum genutzt wird. Im Grunde genommen handelt es sich hier um zwei Schlösser, denn deutlich sind zwei aus verschiedenen Zeiten stammende Baukörper zu unterscheiden. Im Westen steht das durch eine Mauer der ehemaligen Schlosskapelle mit einem einzelstehenden Turm (Uhrenturm) verbundene „Alte Schloss", im Osten das „Neue Schloss".

1348 erwarb der Augsburger Patrizier Johann Langenmantel von den Edlen von Hohenreichen die Herrschaft Wertingen als bayerisches Lehen. Nach 1360 ließ er den älteren der beiden Teile des Schlosses zusammen mit dem südlich und nördlich anschließenden Eckturm errichten. Die Brüder Wilhelm und Hartmann Langenmantel verkauften die Herrschaft Wertingen 1467 an Mang I. Marschalk von Pappenheim, nachdem Ort und Schloss während des 14. und 15. Jahrhunderts mehrmals beträchtlich beschädigt worden waren. Um 1500 erfolgte eine grundlegende Umgestaltung des Schlosses, die einem Neubau gleichgekommen sein dürfte. Um diese Zeit entstand auch der Unterbau des freistehenden südlichen Uhrenturmes.

Nach dem Tode Christoph Marschalks von Pappenheim im Jahre 1568 vereinigte sein Bruder Veit die lange Zeit in eine „innere" und eine „äußere" unterschiedene Herrschaft zu einer einzigen Herrschaft unter dem Namen Wertingen-Hohenreichen und verlegte seinen ständigen Wohnsitz nach Wertingen. Adam Wolfgang Christoph von Pappenheim ließ 1654 den Erweiterungsbau, das sog. Neue Schloss, errichten.

Als um 1700 die hier ansässige Linie der Pappenheimer im Mannesstamm ausstarb, fiel die als Lehen ausgegebene Herrschaft wieder an das Kurfürstentum Bayern zurück. Für kurze Zeit kam die Herrschaft als Folge des Spanischen Erbfolgekrieges (1701–

1714) in den Besitz der Fürsten Lobkowitz, um aber 1714 wieder an die Lehensherren zurückzufallen. Kurbayern errichtete spätestens ab 1768 im Schloss ein eigenes Pfleggericht, aus dem in den Jahren 1803 bis 1806 das Landgericht Wertingen wurde. Zudem war das Rentamt im Schloss untergebracht.

Mit der 1862 erfolgten Trennung von Justiz und Verwaltung kamen Bezirksamt und Landgericht als reine Justizbehörden im Doppelschloss unter. Damals wurden die Räume durch entsprechende Umbaumaßnahmen den neuen Erfordernissen angepasst.

Von der aus Backstein gefertigten Schlossbrücke aus dem 18. Jahrhundert ist die das Schloss umgebende hohe Futtermauer mit ihren Strebepfeilern zu sehen. Die Mauer ist in das 16./17. Jahrhundert zu datieren.

HINWEIS

Schloss Wertingen, Schulstraße 12, 86637 Wertingen. Das sehenswerte Heimatmuseum bietet Führungen nach Vereinbarung unter Tel. 0 82 72/8 41 96. Öffnungszeiten: Mo. bis Mi. 7–12 Uhr und 13–17 Uhr, Do. 7–12 und 13–18 Uhr, Fr. 7–12 Uhr

Seit 1975 befindet sich im Kellergeschoss und in den Fluren des damals renovierten Schlosses das Heimatmuseum der Stadt Wertingen. Seit dieser Zeit wird das Gebäude auch als Rathaus der Stadt und seit 1978 als Sitz der Verwaltungsgemeinschaft Wertingen genutzt.

Literatur:

Dehio, Georg, Handbuch der deutschen Kunstdenkmäler Bayern III: Schwaben, bearb. von Bruno Bushart und Georg Paula, München, Berlin 1989

Hauch, Gisela Freifrau von, Stoffels, Hermann, Schloss Haunsheim, Haunsheim 2003

Layer, Adolf, Dillingen a. d. Donau, Dillingen 1961

Meyer, Werner, Die Kunstdenkmäler von Bayern, Landkreis Dillingen a. d. Donau, München 1972

Pawlu, Erich, Schlösser im Landkreis, hrsg. von der Kreis- und Stadtsparkasse Dillingen a. d. Donau, 2003

Schröder, Alfred, Schwenningen in Bayern. Geschichte eines schwäbischen Dorfes, in: 37. Jahrbuch des historischen Vereins Dillingen, 1924, S. 1–90

Seitz, Reinhard H., Burg, Stadt und Schloss Höchstädt a. d. Donau – ein Überblick, in: Lebensbilder. Geschichte und Kunst in Bildnissen aus Schwaben (Schriftenreihe der Museen des Bezirks Schwaben, hrsg. von H. Frei, Bd. 30), Oberschönenfeld 2002, S. 36–49

Wörner, Hans Jakob, Ehemaliger Landkreis Wertingen (Bayerische Kunstdenkmale XXXIII), München 1973

Sponsel, Wilfried, Steger, Hartmut, Vergangene Burgen und Herrensitze im Blickfeld des Rieses, Augsburg 2004

In einer 1996 in 1. Auflage erschienenen Publikation wird deutlich dargestellt, wie viele Adels- und Herrensitze der Landkreis Neu-Ulm vorzuweisen hat. Es lohnt sich also, mit dem Autor Harald Kächler hier auf Spurensuche zu gehen und die von ihm beschriebenen 35 „Schlösser um Ulm" auf württembergischer wie auf bayerischer Seite aufzusuchen. Relativ junge Adelssitze aus der Zeit des 16. bis 18. Jahrhunderts sind hier ebenso zu finden wie die Überreste aus der Epoche des Burgenbaus wie z. B. in Albeck, wo allein der Turm der Burg erhalten geblieben ist. Es ist also ein durchaus lohnendes Unternehmen, „um Ulm und um Ulm herum" auf eine geschichtliche Entdeckungsreise zu gehen. Dabei versteht es sich von selbst, dass in dem vorliegenden Führer nur einige wenige Anlagen beschrieben werden können.

Ein erster Blick auf die Landkarte zeigt, wie sehr die Flüsse Iller und Donau maßgebend waren für die Gründung oder den Ausbau von Herrensitzen. Darüber hinaus ist aber auch in der Umgebung der beiden Städte Ulm und Neu-Ulm eine deutliche Konzentration von Adelssitzen festzustellen. Darin spiegelt sich ein historischer Prozess, der mit dem Begriff „Landflucht" des in den Städten ansässigen Patriziats wohl treffend beschrieben werden kann. Kurz: Der Adel gönnte sich außerhalb der Städte einen ruhigen Landsitz.

Aber auch wenn man die Iller verlässt und westwärts das „Landesinnere" aufsucht, nimmt die Anzahl der Herrensitze keineswegs ab. Schnell wird aber wiederum deutlich, dass auch die kleineren Wasserläufe, wie die Leibi, die Kleine Roth, die Biber oder der Osterbach gute Voraussetzungen für die Anlage von Herrensitzen bildeten – die zahlreichen Burgställe und Ruinen belegen das sehr anschaulich. Bei dieser Vielfalt stellt sich natürlich die Frage, welche Herrschaften diesen Landstrich in wirtschaftlicher und kultureller Hinsicht gestaltet haben. Für die Zeit des Hochmittelalters (10. bis 13. Jahrhundert) sind als weltliche Herrschaftsträger in erster Linie die Grafen von Kirchberg und die Herren von Neuffen anzuführen. Letztere gründeten um die Mitte des 13. Jahrhunderts die Stadt Weißenhorn. Unter den geistlichen Herrschaftsträgern kommt den Klöstern Oberelchingen (Benediktiner) und Roggenburg (Prämonstratenser) für die kulturelle und wirtschaftliche Entwicklung des Landes große Bedeutung zu.

Eine völlig neue Machtkonstellation entstand infolge des Zusammenbruchs des Stauferreiches Mitte des 13. Jahrhunderts. In dem damals entstandenen Machtvakuum errichteten nun die regionalen Adelsgeschlechter ihrerseits Herrschaftsmittelpunkte. Schritt für Schritt entwickelten sich aber auch die größeren Territorien, die für die folgenden Jahrhunderte politisch bestimmend wurden.

Österreich erhielt 1301 die Markgrafschaft Burgau und 1303 die Herrschaft Pfaffenhofen, Bayern erbte 1342 die Herrschaft Weißenhorn, die jedoch im Landshuter Erbfolgestreit 1505 König Maximilian I. (Kaiser ab 1508) an sich gezogen hat. Maximilian I. verpfändete sie aber schon 1507 an die Fugger, die bald darauf auch die Herrschaft Kirchberg an sich bringen konnten. Die Stadt Weißenhorn blieb dagegen österreichisch.

Nicht zu vergessen ist die Reichsstadt Ulm, die ihrerseits ein doch recht ansehnliches Territorium ausbauen konnte. Und nicht zuletzt prägten die Ulmer Patrizier mit ihren Landschlössern im 15. und 16. Jahrhundert das Aussehen der Dörfer nicht unerheblich. Darüber hinaus wurden auch aus anderen Regionen stammende Patrizierfamilien hier ansässig. Das bekannteste Beispiel ist die aus Memmingen stammende Familie Vöhlin, die mit Erhard II. Vöhlin 1520 die Herrschaft Illertissen erwarb und den am Ortsrand gelegenen Ansitz zu einem beeindruckenden Herrschaftsmittelpunkt ausbaute.

Der Beginn des 19. Jahrhunderts brachte mit der Säkularisierung und der Mediatisierung völlig neue politische Verhältnisse. Mit ihrem Übergang an Bayern war das Ende der zahlreichen kleinen Herrschaften gekommen. Die Zeit des modernen Flächenstaates hatte begonnen.

Langenau
Günzburg
Leipheim
Ulm
Neu-Ulm
Blaustein
Senden
Vöhringen
Weißenhorn
Illertissen
Laupheim
Schwendi
Ochsenhausen
Babenhausen
Memmingen
Roggenburg
Pfaffenhofen a.d. Roth
Bibertal
Kirchberg a.d. Iller
21 Vöhlinschloss Illertissen
22 Schloss Reutti
23 Schloss Weißenhorn
24 Schloss Offenhausen
25 Schloss Holzschwang
26 Schloss Neubronn
27 Schloss Tiefenbach
28 Schloss Osterberg
29 Schloss Illereichen
30 Schloss Roggenburg

Vöhlinschloss Illertissen

Schon auf der Autobahn A 7 wird in Form eines Hinweisschildes für einen Besuch des Vöhlinschlosses in Illertissen geworben. Mit Recht – wie man später beim Betreten der über der Stadt thronenden Schlossanlage feststellen wird.

Namengeber war die Memminger Patrizierfamilie Vöhlin, die, reich geworden durch ausgedehnten Handel, die Herrschaft an der Iller im Jahre 1520 erworben hatte. Vor ihr sind die Grafen von Kirchberg als Inhaber der Herrschaft nachweisbar. 1339 wird deren Burg erstmals genannt. Mit dem Tod des letzten Kirchbergers, Graf Philipp, im Jahre 1510 wurde sein Schwiegersohn Graf Johann von Montfort Inhaber der Herrschaft Illertissen. Da er und seine Gemahlin Apollonia kinderlos blieben, bestimmten sie ihren Schwager Schweikhard von Gundelfingen zu Neufra zum Erben der Herrschaft. Der Erbfall trat mit dem Tod der Gräfin im Jahre 1517 ein. Graf Johann von Montfort übergab daraufhin seinem

Schwager Schweikhard von Gundelfingen Schloss und Herrschaft Illertissen. Aber nur wenige Jahre später, am 17. April 1520, veräußerte der neue Inhaber seine Herrschaft um 34.000 Gulden an Erhard II. Vöhlin von Frickenhausen.

Erhard II. Vöhlin machte das Schloss zum Mittelpunkt seiner neuen Herrschaft, die nicht nur er, sondern auch seine Nachfolger stets zu vergrößern wussten. Er selbst ließ in den Jahren 1526 bis 1529 das Hintere Schloss errichten, das jedoch 20 Jahre später, also 1549, abbrannte. Gleich nach dem Brand ließ es Erhard Vöhlin wieder – im Stile der Ulmer Patrizierhäuser – von Neuem aufbauen. Und am Ende des 16. Jahrhunderts, 1595, wurde auch das Vordere Schloss von Grund auf neu erbaut. Schließlich erfuhr die gesamte Anlage 1705 umfangreiche Veränderungen und eine Umgestaltung zu einer wohnlichen und repräsentativen Behausung. Damals erfolgte der Neubau des sog. Französischen Baus, wenige Jahre später, 1720/30, wurde das Hintere Schloss barockisiert.

Die Vöhlinzeit endet mit Johann Joseph Vöhlin dem Jüngeren mit der Veräußerung der Herrschaft im Jahre 1756 an Kurbayern. Käufer war kein Geringerer als Kurfürst Maximilian III. Joseph von Bayern. Bayerische Beamte zogen nun in das Schloss ein und als 1803 Illertissen endgültig bayerisch geworden war, wurde das Schloss Sitz des Amtsgerichts und des Finanzamtes. Behördensitz ist es bis heute, auch wenn über den weiteren Verbleib des Amtsgerichts im Jahre 2006 noch nicht endgültig entschieden ist. 1983 fand das sehenswerte Heimatmuseum im 2. Stock des Vorderen Schlosses eine neue Unterkunft. Im 1. Stock befindet sich das weithin einzigartige Bienenmuseum. Von besonderem Interesse sind in diesen Schauräumen die aus dem Jahre 1595 stammenden Stuckdecken.

HINWEIS

Öffnungszeiten des Heimatmuseums ganzjährig: Mi. 14–17 Uhr, Sa. und So. 14–17 Uhr. Eintritt frei, Spenden erbeten. Anmeldung von Führungen unter Tel. 0 73 03/172 11. Öffnungszeiten des Bienenmuseums: Die. 16–20 Uhr, Mi. 9–12 und 14–17 Uhr, Sa. und So. 13–17 Uhr. Im Rahmen der Führungen kann auch die sehenswerte Schlosskapelle besichtigt werden.

Das Schloss in Reutti gilt als das stattlichste aller Ulmer Patrizierlandsitze. 1550 unter Konrad Roth erbaut, wurde es bereits 1552 im sog. Fürstenkrieg zerstört, um aber schon bis 1554 wieder in der heutigen Form neu aufgebaut zu werden. Den dreigeschossigen Hauptbau mit einem Mansarddach aus dem 18. Jahrhunderts zieren an seiner westlichen Seite Ecktürmchen, östlich ist er mit dem im Untergeschoss noch mittelalterlichen Hauptturm verbunden. Der oktogonale Turm trägt eine welsche Haube aus der Zeit um 1550. Die viereckige Anlage war ursprünglich auf allen Seiten von Gräben umgeben.

An der Stelle des heutigen Schlosses stand wohl schon im 11. Jahrhundert die Burg der Grafen von Kirchberg, die von diesen aber seit dem 13. Jahrhundert als Lehen an Ulmer Patrizier ausgegeben worden ist. So waren bis 1390 Burg und Dorf Reutti im Besitz der Ulmer Patrizierfamilie Halle, um dann bis Mitte des 15. Jahrhunderts an die Familie Karg überzugehen. Über die Ehe der Anna Karg mit Hans Roth kam das Gut nun an die Familie Roth, die bis zu ihrem Aussterben im Mannesstamm im Jahre 1802 Herr über den Ort bleiben sollte.

Im 19. Jahrhundert wechselten mehrfach die Besitzer. Über Freiherrn Nepomuk von Wyttenbach, der bis 1815 das Schloss innehatte, kam das Anwesen an den Ulmer Kaufmann Kispert. Die Familie Kispert veräußerte den Besitz im Jahre 1914 an Freifrau Pauline Herman aus Wain, die das Schloss umfassend renovieren ließ und 1931 an die Freiherren von Malsen-Ponickau veräußerte. Hansmartin Schott erwarb 1954 das stattliche Ensemble und richtete eine private Realschule ein. Als 1978 der italienische Architekt Tocchi das Schloss kaufte, erfuhr es seine bisher letzte Verwendung mit dem Einbau von Eigentumswohnungen seit 1982. Heute ist das Schloss mit seinem gepflegten Garten eine sehr attraktive Wohnanlage.

Wer in Reutti ist, sollte auch der überaus sehenswerten ev. Pfarrkirche St. Margareta

mit ihrer wertvollen Innenausstattung einen Besuch abstatten. Nicht zuletzt wird man hier immer wieder auf den Namen der Familie Roth stoßen, die – wie bereits berichtet – Mitte des 16. Jahrhunderts das heutige Schloss errichten ließ.

Oben: Der Chorraum der gotischen Kirche in Reutti
Rechts: Das Schloss in dem Neu-Ulmer Stadtteil Hausen liegt ganz in der Nähe von Schloss Reutti.

HINWEIS

Schloss Reutti und Schloss Hausen sind in Privatbesitz und können nicht besichtigt werden.

SCHLOSS WEISSENHORN

Das ehemalige Schloss in Weißenhorn ist ein dreiteiliger, stattlicher Komplex in unmittelbarer Nähe zur katholischen Stadtpfarrkirche Mariä Himmelfahrt und zum Neuen Rathaus. Der Ostteil, das sog. Alte Schloss, wird durch einen Mittelbau mit dem Neuen Schloss verbunden. Während der dreigeschossige Rechteckbau des Alten Schlosses um 1460/70 unter Jörg von Rechberg errichtet worden ist, geht das Neue Schloss auf Jakob Fugger zurück. Der ebenfalls dreigeschossige Satteldachbau wurde 1513/14 errichtet und im zweiten Viertel des 16. Jahrhunderts verändert. In das frühe 16. Jahrhundert ist die Fassadenmalerei dieses Baukörpers zu datieren. Der beide Trakte verbindende Mittelbau war ursprünglich ein niedriger Querbau, der erst um 1735 seine heutige dreigeschossige Form erhalten hat.

Das Schloss geht in seiner ursprünglichen Form zurück auf die seit dem mittleren 12. Jahrhundert erwähnten Herren von Weißenhorn. Seit der 2. Hälfte des 13. Jahrhunderts Sitz der Herren von Neuffen, kam Weißenhorn nach deren Aussterben 1342 in den Besitz der bayerischen Herzöge, die es ihrerseits zwischen 1376 und 1473 den Herren von Rechberg verpfändeten.

Im Jahre 1507 nun kamen die Fugger in den Besitz der Herrschaft Weißenhorn. Damals hatte nämlich Kaiser Maximilian I. Jakob Fugger dem Reichen die Herrschaften Kirchberg und Weißenhorn verpfändet. Letzteres hat er im Verlauf des Bayerischen Erbfolgekrieges 1504 an sich genommen. 1513 veranlasste Kaiser Maximilian den Bau des Neuen Schlosses.

HINWEIS

Das Schloss ist nicht zu besichtigen. Besuchenswert ist auch das Weißenhorner Heimatmuseum, Tel. 0 73 09/84 54, das sich gegenüber der ebenfalls sehenswerten katholischen Stadtpfarrkirche Mariä Himmelfahrt befindet.

Rechts: Ein imposantes Ensemble: Altes Schloss, Mittelbau und Neues Schloss
Unten: Das Obere Tor von Weißenhorn

1806 wurde Weißenhorn bayerisch und dem Landgericht Roggenburg zugeordnet. 1862 kamen Landgericht und Rentamt von Roggenburg nach Weißenhorn. In diesem Jahr verkaufte Graf Raymund Fugger der Stadt das Schloss mit Gartenanlage, Gerichtsgebäude und Kastenhaus. Die Stadt veräußerte nun ihrerseits das Schloss an den bayerischen Staat, um jedoch 1971 das Alte Schloss zurückzuerwerben. Seither ist hier die Stadtverwaltung untergebracht. Im Neuen Schloss befand sich ab 1930 eine Zeit lang ein Franziskanerinnenkloster mit städtischer Mädchenrealschule und Internat.

Um es vorwegzunehmen – im „Schlössle" in **Offenhausen** lässt sich gut einkehren, sei es in den gemütlichen Gasträumen oder im Sommer im Biergarten. Freilich handelt es sich bei dem ansehnlichen Gebäude – wie der Name unschwer vermuten lässt – um einen früheren Adelssitz. Schon für das 14. Jahrhundert ist hier ein „Burgstall" nachweisbar, also ein befestigter herrschaftlicher Ansitz, der von der Familie Renz im Jahre 1544 an Georg Fugger veräußert worden ist. Dieser verkaufte den Besitz schon sieben Jahre später an Ulrich Ehinger von Balzheim. Bald darauf, so ist anzunehmen, wurde das heutige Schlossgebäude errichtet.

1670 sollte in diesem stattlichen Anwesen eine Gaststätte eingerichtet werden, ein Ansinnen, das der Ulmer Magistrat damals aber ablehnte. Als jedoch drei Jahre später Carl Adam Ehinger sein Schloss an den Ulmer Magistrat verkaufte, stand einer gastronomischen Nutzung nichts mehr im Wege – denn der Magistrat machte das Schloss nun seinerseits zu einem Gasthof. 1695 kamen auf das

Gebäude eine Brauerei- und Bäckereigerechtigkeit sowie das Recht, Branntwein zu brennen und ein eigenes Schild zu führen. Im 18. und 19. Jahrhundert wechselte das „Schlössle" mehrmals seine Besitzer – bis es im Jahre 1879 der Offenhauser Bauernsohn Georg Zoller erwarb. Damit begann dann eine bis heute ununterbrochene Tradition, denn im Besitz der Familie Zoller ist das „Schlössle" heute noch.

Die Besitzgeschichte des kleinen, aber sehr ansehnlichen Ortes **Holzschwang** lässt sich zumindest bis in das 14. Jahrhundert zurückverfolgen. Als 1458 die Ulmer Familie Roth einen Großteil der Güter in Holzschwang erwarb, war der Ort zwischen einem weltlichen und einem geistlichen Grundherren geteilt. Denn seit 1370 war das Kloster Wiblingen in Holzschwang begütert.

Mit dem Aussterben der Holzschwanger Linie der Familie Roth Mitte des 18. Jahrhunderts ging der Besitz an die Ulmer Patrizierfamilie Baldinger und von dieser 1757/58 an die Familie von Neubronner über.

Das wohl aus dem Jahr 1561 stammende Renaissanceschloss in Holzschwang, ein zweigeschossiger Satteldachbau, dessen Südfront zwei Ecktürme zieren, konnte in seinem Aussehen bis heute weitgehend erhalten werden. Die Entstehung des Schlösschens fällt also in die Zeit der oben genannten Familie Roth, von der es als Landsitz errichtet worden ist. Die nachfolgenden Besitzer, die Familien Baldinger und von Neubronner, haben das Aussehen des kleinen Landsitzes nicht wesentlich verändert.

Das Schlösschen ist von einer niedrigen Mauer umgeben. Die Einfahrt wird durch zwei 1762 errichtete Torpfeiler gebildet. Zwei eingemauerte Wappenreliefsteine, beides Allianzwappen, verweisen links auf die Familien Neubronner/Schad von Mittelbiberach und rechts auf Leo Roth und Ursula Baldinger.

Der einst als Sommerwohnsitz errichtete Bau wurde erst im 20. Jahrhundert für einen ständigen Aufenthalt und für zeitgemäßes Wohnen hergerichtet. Heute befindet sich das Schloss in Privatbesitz der Familie von Szmrecsanyi.

HINWEIS

Das Schloss in **Holzschwang** ist in Privatbesitz und kann nicht besichtigt werden. Die Brauerei-Gaststätte „Schlössle" in **Offenhausen,** Schlössleweg 3, 89231 Neu-Ulm, ist zu erreichen unter Tel. 0731/77390, tägl. geöffnet von 10.30 – 24 Uhr, Mittwoch Ruhetag, E-Mail: kontakt@schloessle.com

Unweit von Holzschwang liegt Schloss **Neubronn.** Es ist eines der wenigen Beispiele für ein im Laufe der Jahrhunderte kaum verändertes Bauwerk, dessen Geschichte bis in die Mitte des 15. Jahrhundert zurückzuverfolgen ist. Dabei ist das Schloss alles andere als ein Museum – im Gegenteil – die Besitzer nutzen es als modernen Wohnsitz. Das Schloss selbst wurde wohl in den Jahren um 1570 erbaut, denn 1577 ist von der neu erbauten Behausung die Rede. Um 1860 wurde das Anwesen geteilt. Die Hälfte des Schlosses und ein Teil des dazu gehörenden Grundbesitzes gingen tauschweise gegen ein Stadthaus an die Ulmer Familie von Arand über. 1957 trat deren Erbe Günther Haas aus Ulm an.

In der unmittelbaren Nachbarschaft liegt Schloss **Tiefenbach.** Im 14. Jahrhundert war der Weiler Tiefenbach Lehen der Bischöfe von Augsburg. 1424 kam er in den Besitz der Ulmer Patrizierfamilie Geßler. Albrecht Besserer von Thalfingen hat es um 1760 in seinem Aussehen deutlich verändert. Seit dem 19. Jahrhundert ist der dreigeschossige Satteldachbau ein Bauernhof. An der östlichen Giebelfront ist eine Sandsteinplatte mit dem Wappen der Besserer angebracht. Der jetzige Inhaber ließ das Schlösschen gründlich renovieren.

HINWEIS

Die Schlösser in Neubronn und Tiefenbach sind in Privatbesitz und können nicht besichtigt werden.

Rechts: Östlich von Illertissen liegt Schloss Obenhausen, das heute noch im Besitz der Grafen von Moy ist.
Links: Zum Schlossensemble gehört auch die Gaststätte „Zur Blauen Traube“.

Wer entlang der Iller weiter Richtung Süden fährt, der sollte in **Osterberg** und dem nahe gelegenen Illereichen Halt machen. Beide Orte verbindet eine Familie: die Herren von Rechberg, die aber nicht nur hier, sondern auch in Kellmünz und Babenhausen begütert waren. Osterberg hatten die Herren von Rechberg seit dem 14. Jahrhundert in Besitz. Auf den Resten einer mittelalterlichen Burg ließ der 1540 verstorbene Gaudenz von Rechberg ein Renaissanceschloss errichten, das sog. „Hohe Schloss", das aber erst um 1680 seine heutige Form erhalten hat.

1679 war die Herrschaft Osterberg durch Kauf an Johann Michael Mayer von Röfingen übergegangen, der als Rat und Syndikus der Schwäbischen Reichsritterschaft amtierte. Mit der Erhebung der Familie in den Freiherrenstand nannten sich die einzelnen Familienglieder von da an „Freiherren von Osterberg".

1816 verkaufte Anselm Freiherr von Osterberg das Schlossgut an Christoph Friedrich Freiherrn von Ponickau. Ende des 19. Jahrhunderts kam es durch Heirat an die Familie der Freiherren von Malsen. Von daher rührt auch der Doppelname „von Malsen-Ponickau". In die Schlagzeilen kam das Schloss im Jahre 1995, als der damalige Besitzer Dieter Freiherr von Malsen-Ponickau das Schloss verkaufte und das Inventar versteigern ließ.

Nicht weit von Osterberg entfernt liegt **Illereichen.** Auch hier ist man wieder, wie oben angedeutet, auf der Spur der Herren von Rechberg, die zwischen 1420 und 1460 an diesem Ort eine große Burganlage errichtet hatten. Freilich ist von der Burg und dem einst imposanten späteren Schlossbau heute kaum mehr etwas erhalten. 1837 sind das Schloss und die dazugehörenden Gebäude nämlich weitgehend niedergerissen worden. Nur wenige Baukörper der einst umfangreichen Anlage sind erhalten geblieben, darunter Teile des Ökonomiehofes und der im 16. Jahrhundert errichtete Torturm.

Lange Zeit erinnerte vor allem das „Schlosshotel" Illereichen an den ehemaligen Ansitz der Rechberger. Freunde einer ausgezeichneten Küche denken gerne daran zurück, dass man hier kulinarisch verwöhnt worden ist. Seit kurzem gibt es einen neuen Betreiber. Von nun an sorgt Familie Fuchs im Landgasthof „Schlossgarten", im Sommer mit Biergarten, für das leibliche Wohl der Gäste.

In Osterberg und Illereichen gibt es heute noch die ehemaligen jüdische Friedhöfe, die an die einst großen jüdischen Gemeinden beider Orte erinnern. 1650 nahm Caspar Bernhard von Rechberg – durchaus aus ökonomischen Gründen – in Illereichen fünf jüdische Familien auf, unter Graf Max Wilhelm von Styrum kamen weitere Familien dazu. Im Laufe der Zeit entstand eine stattliche Judengemeinde mit eigener Synagoge und eigenem Friedhof. Wie andernorts ist auch hier die Synagoge 1955 abgebrochen worden.

HINWEIS

Schloss **Osterberg** ist nur von außen zu besichtigen. Schlossgarten **Illereichen,** Familie Fuchs, Tel. 0 83 37/90 07 31, E-Mail: schlossgarten-illereichen@web.de

Vielen mag es überraschend erscheinen, im Zusammenhang mit Kloster Roggenburg von einem Schloss zu lesen. Das einstige Prämonstratenser-Reichsstift Roggenburg, im 12. Jahrhundert wohl an der Stelle eines frühmittelalterlichen Hochadelssitzes gegründet, wurde in der Mitte des 18. Jahrhunderts neu errichtet. Bereits 1716 war jedoch das Amtshaus (ehem. Prätorium) des Reichsstiftes, südöstlich vom Klosterbezirk gelegen, neu erbaut worden. Nach der Aufhebung des Klosters zu Beginn des 19. Jahrhunderts im Zuge der Säkularisation wurde dieses Amtshaus Schloss der Grafen Spaur, an die auch der landwirtschaftliche Besitz des Klosters gefallen war.

1853 kam der Besitz durch Kauf an die Grafen von Mirbach-Geldern-Egmont. 1911 wurde das einstige Amtshaus und nunmehrige Schloss nach den Plänen des Münchner Professors Anton Zell umgebaut, erweitert und mit einem Mansarddach versehen. Professor Zell orientierte sich dabei an dem Stil der von Gabriel von Seidl entworfenen Land- und Herrenhäuser. In der Mitte der breiten Hauptfront des Schlosses befindet sich ein großer, auf Säulen ruhender Balkon. Heute wird das Schloss von Johannes Graf von Mirbach-Geldern-Egmont Prinz zu Hohenlohe-Jagstberg und seiner Familie bewohnt.

Sehenswert ist auch der östlich hinter dem Schloss gelegene Park, der im englischen Stil des 19. Jahrhunderts angelegt wurde und um 1911 nach Osten zu erweitert worden ist. Einen Besuch wert ist auch das 1991 vom Landkreis Neu-Ulm eröffnete Klostermuseum. In den Räumen der ehemaligen Prälatur wird die Geschichte des Reichsstiftes und seines Territoriums dargestellt. Sakrale Kunstwerke stehen im Mittelpunkt der Präsentation. 1983 sind wieder Prämonstratenser-Chorherren der Abtei Windberg in Roggenburg eingezogen und gründeten hier ein Priorat. Im Jahre 2002 entstanden eine große Bildungsstätte für Familie, Umwelt und Kultur sowie eine empfehlenswerte Klostergaststätte und ein Klosterladen.

Oben links: Gesamtanlage Kloster Roggenburg
Oben rechts: Blick in die sehenswerte historische Bibliothek des Klosters
Links: Das einstige Amtshaus des Klosters, das heutige Schloss Roggenburg

HINWEIS

Klosterkirche und Klosteranlage sind frei zugänglich. Das Schloss ist nur von außen zu besichtigen. Sehenswert ist auch die umfangreiche historische Bibliothek des Klosters, Auskunft und Anmeldung beim Pfarramt unter Tel. 0 73 00/9 60 00. Öffnungszeiten des Klostermuseums: Do. bis So. 14–17 Uhr. Der Eintritt ist frei. Auskunft unter 07 31/70 40-118 beim Landratsamt Neu-Ulm

Es wäre wohl kaum zu rechtfertigen, die jenseits der heutigen Landesgrenze liegenden Adelssitze unberücksichtigt zu lassen, standen sie doch in historischer Zeit – also vor der Schaffung der heutigen Landesgrenze – mit den nun auf bayerischer Seite liegenden Schlössern in einem engen Zusammenhang. So ist es also ein durchaus lohnendes Unterfangen, auch die im benachbarten Baden-Württemberg liegenden Schlösser aufzusuchen und ihrer Geschichte nachzuspüren. Wieder kann dabei das bereits genannte Buch von Harald Kächler als Leitfaden dienen, um mit diesem Büchlein in der Hand auf Entdeckungsreise zu gehen. Um dem Interessierten nur einige wenige mögliche Haltestationen zu nennen: Entlang der Iller Oberbalzheim, Wain und in Oberkirchberg oder – entlang der Donau – in Gamerschwang, Risstissen, Oberdischingen, Dellmensingen und in Erbach. Interessant ist es auch hier, danach zu fragen, welchen Zwecken die Schlösser heute dienen – ob sie noch von einer adeligen Familie bewohnt werden oder ob sie eine ganz andere Verwendung gefunden haben, z.B. als Rathaus, Altersheim oder Gasthaus. Und um bei dem letztgenannten Verwendungszweck zu bleiben: In Dietenheim wurde der verbliebene Rest des ehemaligen, einst mehrflügeligen Fuggerschlosses lange Zeit als Gasthaus „Kreuz“ genutzt. In Erolzheim ist aus dem Schloss gar ein Vier-Sterne-Hotel geworden, während in Bernstadt das Schloss als Rathaus dient. In Laupheim hat dagegen ein „Haus der Geschichte“ in dem stattlichen Schlossgebäude Einzug gehalten.

Im Besitz von Adelsfamilien sind bis heute die Schlösser Erbach (Freiherren von Ulm-Erbach), Achstetten und Dellmensingen (Grafen Reuttner von Weyl), Oberbalzheim (Freiherren von Palm), Oberkirchberg (Grafen Fugger-Kirchberg-Weißenhorn), Oberstadion (Grafen von Schönborn), Risstissen (Grafen Schenk von Stauffenberg), Wain (Freiherren von Herman). Die genannten Schlösser, soviel sei abschließend noch angemerkt, können im Inneren nicht besichtigt werden, da sie in Privatbesitz sind.

Linke Seite: Schloss Oberbalzheim
Rechts, von oben nach unten: Schloss Dietenheim, Schloss Oberkirchberg, Schloss Erolzheim

Literatur:

Habel, Heinrich, Stadt- und Landkreis Neu-Ulm (Bayerische Kunstdenkmale XXIV), München 1966

Kächler, Harald, Illertissen. Im Zeichen des Flusses, Ulm 2004

Derselbe, Schlösser um Ulm, Ulm 2004, 3. Aufl.

Probst, Michael, Kloster Roggenburg. Das Lied seiner Gründung und seiner Stifterfamilie, Weißenhorn 1989

Schon beim ersten Betrachten einer modernen Straßenkarte wird man schnell entdecken, dass auch dieser Landstrich eine außerordentliche Dichte an Burgen und Schlössern aufweist: Kaum ein größerer Ort entlang von Mindel, Kammel und Günz, an dem nicht ein Herrensitz nachweisbar wäre. Und wirft man einen Blick auf eine historische Landkarte, dann wird man daran erinnert, dass in zahlreichen Orten Burgställe existierten, ein deutlicher Hinweis darauf, wie stark dieses Gebiet schon zur Zeit des hohen Mittelalters herrschaftsmäßig zersplittert war.

Eine in Wort und Bild überaus gelungene Darstellung der zahlreichen Burgen und Schlösser des Landkreises präsentierte im Jahr 2000 die Kreis- und Stadtsparkasse Günzburg. Dem früheren Kreisheimatpfleger Josef Weizenegger und dem Fotografen Heribert Schretzenmayr gelingt es dabei, den Leser zu motivieren, in die Herrschaftsgeschichte dieser Region einzudringen, die bis zum Ende des Alten Reiches durch eine deutliche territoriale Zersplitterung gekennzeichnet war.

Bevor nun die weltlichen Herrschaftsträger kurz beschrieben werden, soll auch an die geistlichen Territorien erinnert werden, denn schließlich standen beträchtliche Teile des heutigen Landkreises bis zur Säkularisation 1803 unter der Oberhoheit der drei reichsunmittelbaren Stifte Ursberg, Edelstetten und Wettenhausen. Wendet man nun den Blick auf die hier ansässigen Adelsgeschlechter, so ist festzustellen, dass sie seit dem 12. Jahrhundert in einem Rechtsverhältnis zu den Staufern standen, die als Herzöge von Schwaben und später auch als Könige ihren Herrschaftseinfluss systematisch ausbauten. Nach dem Ende der Stauferzeit Mitte des 13. Jahrhunderts gelang es jedoch regionalen und auswärtigen Adelsfamilien, in das dadurch entstandene Machtvakuum vorzustoßen. Hierbei waren die Grafen von Berg, die sich seit 1213 Markgrafen nannten, besonders erfolgreich. Sie erlangten mit unterschiedlichen Erwerbstiteln Güter und Rechte zwischen Günz und Lech bzw. Wertach und fassten diese unter dem Begriff Markgrafschaft Burgau zusammen. 1301 fiel dieses Herrschaftsgebilde ans Reich zurück. Die habsburgischen Herrscher behielten es in ihrer Familie und verpfändeten es in der Folgezeit immer wieder an einzelne Adelsfamilien, aber auch an die Herzöge von Bayern und den Bischof von Augsburg.

Unter den weltlichen und geistlichen Herrschaften dominierten also vor allem die Markgrafschaft Burgau und das Hochstift Augsburg. Daneben konnten aber auch Familien des hohen und niederen Adels sowie der Ministerialität ihren Einfluss geltend machen. Zu denken ist hierbei an die Herren von Eberstall, von Ellerbach, von Knöringen, die Güssen, die Stain, die Herren von Freyberg und Riedheim, um nur die wichtigsten zu nennen.

Seit dem 15. Jahrhundert erwarben begüterte Kaufmannsfamilien aus Augsburg, Ulm und Memmingen Landgüter oder errichteten hier ihre Ansitze. Unter ihnen sind die Vöhlin aus Memmingen, die Besserer aus Ulm und die Fugger besonders hervorzuheben.

Angesichts dieser Vielfalt an einstigen Adels- und Ministerialensitzen muss im Rahmen dieser Darstellung eine Auswahl getroffen werden. Lohnend ist es aber allemal, auch die Schlösser in Großkötz und Kleinkötz und in Haldenwang oder in der Gegend um Jettingen wie Eberstall, Unterwaldbach oder Klingenburg zu besuchen, auch wenn diese nicht besichtigt werden können, weil sie Privatbesitz sind. Klingenburg dürfte darüberhinaus den Freunden des Golfsportes ein Begriff sein, befindet sich doch unmittelbar beim Schloss ein idyllisch gelegener Golfplatz.

Aber nun noch kurz ein Blick in die Kulturlandschaft des Landkreises Günzburg: Wer sich hier auf eine Schlössertour begibt, der sollte nicht vergessen, dass dieser Landstrich geradezu prädestiniert ist, zu einer „Kulturtour" im „Schwäbischen Barockwinkel" einzuladen. Durch die Vielzahl an großartigen Kirchen und Klöstern wird hier der Aufenthalt für den Kunstfreund zu einem wahren Genuss werden.

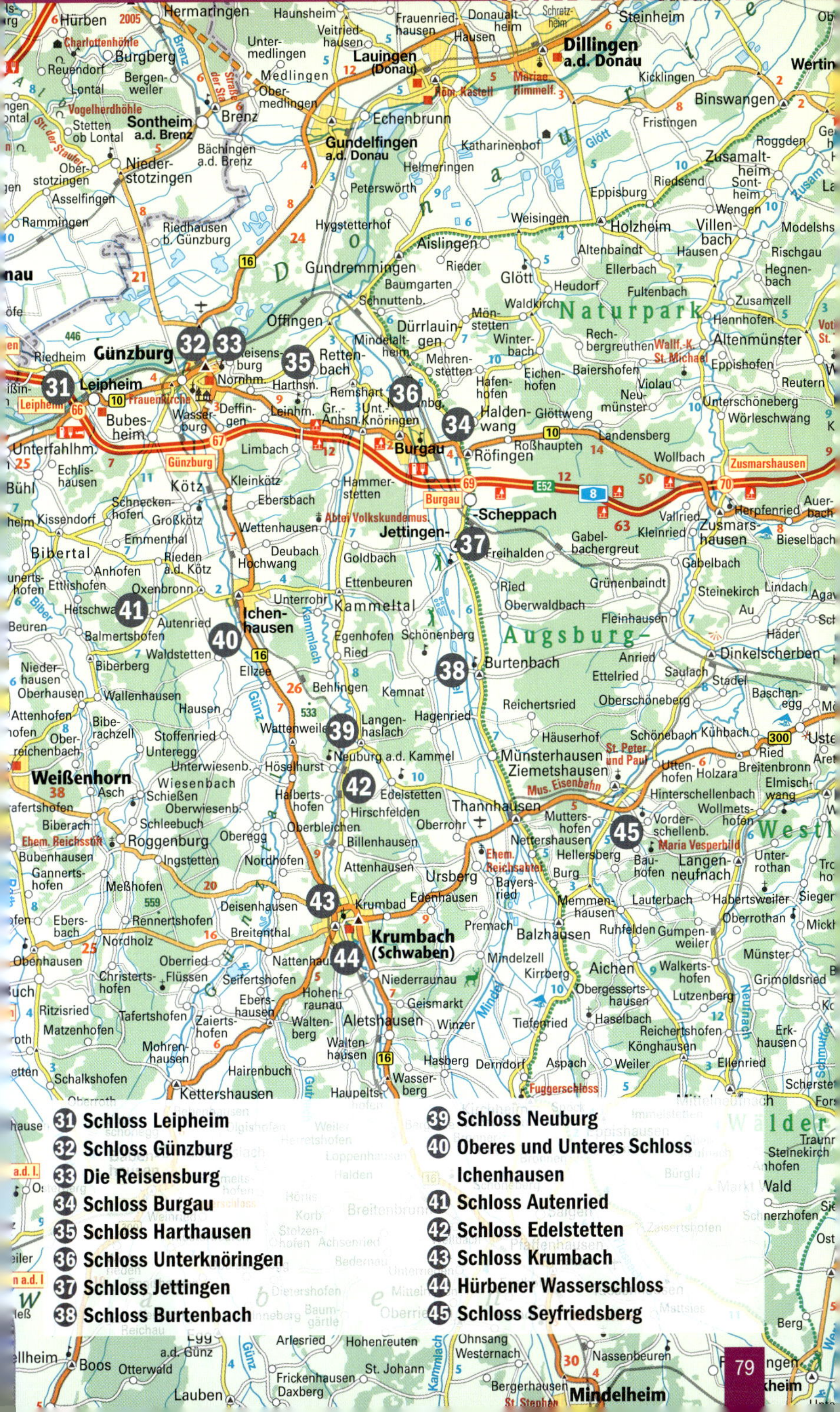
31 Schloss Leipheim
32 Schloss Günzburg
33 Die Reisensburg
34 Schloss Burgau
35 Schloss Harthausen
36 Schloss Unterknöringen
37 Schloss Jettingen
38 Schloss Burtenbach
39 Schloss Neuburg
40 Oberes und Unteres Schloss Ichenhausen
41 Schloss Autenried
42 Schloss Edelstetten
43 Schloss Krumbach
44 Hürbener Wasserschloss
45 Schloss Seyfriedsberg

SCHLOSS LEIPHEIM

Schon von weitem ist der dreigeschossige Satteldachbau des Leipheimer Schlosses mit seinem runden Erkerturm zu sehen. Zur Stadt hin erstreckt sich ein turmbewehrter Zwinger. Die Geschichte von Burg und Ort Leipheim ist erst relativ spät nachzuverfolgen. 1297 nämlich ist das Dorf im Besitz der Güss von Güssenberg, die ihrerseits in einem Abhängigkeitsverhältnis zu den Markgrafen von Burgau standen. Ab 1323 schlossen sich die Güssen Diepold und Gerwig König Ludwig dem Bayern an, ein Bündnis, das dieser Herrscher 1327 mit dem Recht zum Abhalten eines Wochenmarktes und 1330 mit der Verleihung des Stadtrechtes für Leipheim belohnte.

1373 verkauften die Güssen Leipheim an Graf Eberhard von Württemberg. Nach wiederholter Verpfändung veräußerte Graf Ulrich 1453 Burg und Stadt Leipheim an Ulm, das dann Leipheim bis zum Jahre 1803 in Besitz hatte. Eine Vorgängeranlage des heutigen Schlossbaus wird bereits 1343 erwähnt. Der Ulmer Rat entschloss sich 1557 zu einem Neubau, der bis 1559 – vielleicht von dem Ulmer Stadtwerkmeister Sebastian Müller – errichtet wurde. Die während des 30-jährigen Krieges entstandenen großen Schäden wurden bald behoben, sodass auf der Ansicht in der Topographia Sueviae von Matthäus Merian aus dem Jahr 1643 das Schloss

in sehr gutem Bauzustand dargestellt werden konnte. Nachdem ab 1774 das Schloss nicht mehr von den Ulmer Vögten bewohnt wurde, blieb dies nicht ohne negativen Einfluss auf die Bausubstanz. Mit dem Verlust der Reichsunmittelbarkeit Ulms fiel das Schloss an die bayerische Krone, die es als Sitz der königlich-bayerischen Revierförster nutzte. 1826 wurde das Schloss, ohne den Schlossstadel, an Privatleute versteigert. Eine umfassende Innen- und Außenrestaurierung erfolgte 1897 durch den damaligen Eigentümer, einen kaiserlich–japanischen Legationsrat. Sein Nachfolger in der Reihe der Schlossbesitzer, der großherzoglich-badische Hofjägermeister Ferdinand Freiherr Schilling von Cannstatt, ließ im Jahre 1900 den Park anlegen. Bald darauf wurde auch die sog. Untere Bastion errichtet, die aber eher einem Pavillon als einer Verteidigungsanlage gleicht. 1958 wurde der Landwirt Louis Reiff neuer Eigentümer. Er richtete

im Schloss eine umfangreiche private Waffen-, Jagdtrophäen- und Uhrensammlung ein und ließ die Anlage 1977 noch einmal grundlegend renovieren. Im Dezember 2005 wurde das Schloss zwangsversteigert.

HINWEIS

Das Schloss ist in Privatbesitz und kann nicht besichtigt werden.
Der ehemalige Zehentstadel aus dem 16. Jahrhundert im Schlosshof wird heute nach grundlegender Sanierung – mit Restaurantbetrieb – multifunktional genutzt.
Tel. 0 82 21/36 98 53 oder 36 98 50

SCHLOSS GÜNZBURG

Die Markgrafschaft Burgau war 1901 nach dem Aussterben der Markgrafenfamilie an das Reich zurückgefallen. Die Habsburger begannen noch in der ersten Hälfte des 14. Jahrhunderts auf einer Terrasse oberhalb des Günz- und Donautales die Günzburger Oberstadt anzulegen. Von besonderer Bedeutung war dabei der herrschaftliche Mittelpunkt: die Burg bzw. spätere Schlossanlage.

Aus Geldnot mussten die Habsburger über zwei Jahrhunderte hinweg die Markgrafschaft und insbesondere Günzburg immer wieder verpfänden. Unter dem vermögenden Pfandinhaber Ritter Hans von Stain zu Ronsberg wurde 1452 ein gotischer Schlossbau, der Vorgängerbau der heutigen Anlage, errichtet. Als Erzherzog Ferdinand von Tirol 1566 Landesherr der Markgrafschaft Burgau wurde, begann man bald darauf mit dem Bau eines neuen Schlosses. Nach dem Willen des Landesherrn sollte damals für den aus seiner Ehe mit der Augsburger Bürgerstochter Philippine Welser hervorgegangenen zweiten Sohn Karl die Markgrafschaft als eigene Herrschaft eingerichtet und Günzburg zur Residenzstadt werden. Dazu war natürlich ein repräsentativer Schlossbau notwendig. Ab 1577 wurden also das neue Schloss und ab 1580 die dazugehörende Hofkirche errichtet.

Eine Umgestaltung des Schlossinneren erfolgte 1609 für Markgraf Karl. Nachdem die Anlage im Dreißigjährigen Krieg erheblich beschädigt worden war, wurden erneut Ausbesserungsarbeiten notwendig. 1703 fielen einem durch Unvorsichtigkeit verursachten verheerenden Brand das halbe Schloss, die Hofkirche und zahlreiche Häuser in der Umgebung zum Opfer. Die Wiederherstellung erfolgte dann in der Formensprache des Barock, in der das Schloss bis heute erhalten ist. Das Schloss sollte 1769/70 noch einmal erneuert werden – und zwar anlässlich des berühmten Brautzuges der Marie Antoinette, der Tochter der Kaiserin Maria Theresia. Schließlich wurden Amtsräume eingerichtet: zunächst die Verwaltung des Oberamts Günzburg und nach dem Anschluss an Bayern das kgl. Rentamt und das Landgericht.

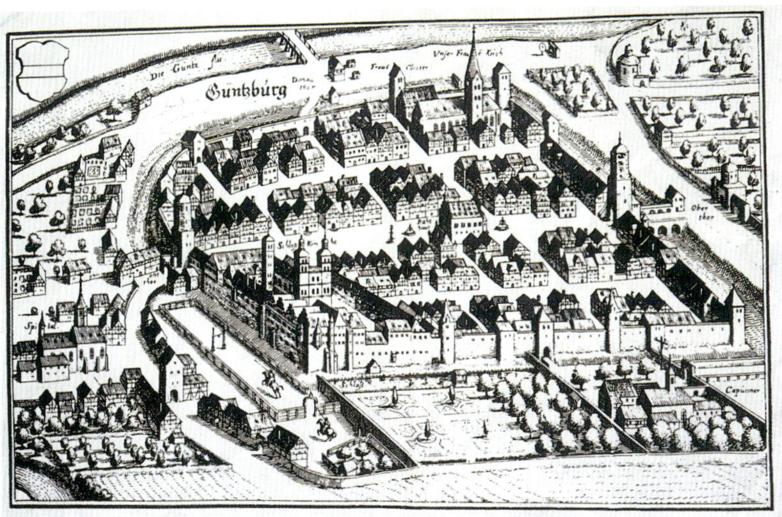

Ein Blick noch in die jüngste Vergangenheit: Am 9. April 1945 wurden der südliche Flügel und auch der Nordflügel durch Bomben zerstört. Von der einstigen Pracht war nun endgültig nicht mehr viel übrig.

Das ehemalige Schloss der vorderösterreichischen Markgrafschaft Burgau ist heute Behördensitz: Amtsgericht und Finanzamt sowie die Günzburger Stadtverwaltung mit der Tourist-Information sind hier untergebracht.

HINWEIS

Das Schloss kann nur während der Behörden-Dienstzeiten besichtigt werden.

Oben: Matthäus Merian, Günzburg 1643
Unten: Günzburg 1555, aus: „Ehrenspiegel des Hauses Habsburg“

Jüngst wurde ein Beitrag über die Reisensburg treffend umschrieben: „Vom steinzeitlichen Siedlungsplatz zum Institut für wissenschaftliche Zusammenarbeit." Archäologische Funde insbesondere aus der Jungsteinzeit und der Bronzezeit belegen in der Tat eine schon frühe Besiedlung des Ortes, der um 700 n. Chr. erstmals schriftlich genannt ist. „Rizinis", so die damalige frühe Bezeichnung, bedeutet „fester Platz". Über das Schicksal der Reisensburg zur Zeit des Hochmittelalters liegen keine gesicherten Nachrichten vor. Es ist aber davon auszugehen, dass seit Mitte des 12. Jahrhunderts hier die Herren von Reisensburg saßen, die auch die Burg Eberstall bei Jettingen innehatten. Mit ihrem Aussterben ging die Reisensburg wohl als Reichsgut an die Bergischen Markgrafen von Burgau

über, denn 1295 gehört sie urkundlich zur Markgrafschaft. Als 1301 die Grafen von Berg ausstarben, wurde die Markgrafschaft durch König Albrecht I. als erledigtes Reichslehen eingezogen. Damit ging die Reisensburg in habsburgischen Besitz über.

1457 übernahm sie der Ritter Hans vom Stain von Ronsberg und machte aus der wehrhaften Burg eine bewohnbare Anlage. Die Herren vom Stain verloren 1604 die Reisensburg, die im Dreißigjährigen Krieg erheblich beschädigt wurde. Am 23. Mai 1633 brannten die Schweden die Anlage nieder. 1660 gehörte sie den Freiherren von Gielsberg und 1763 kam sie auf dem Erbwege an die Freiherren von Eyb. 1851 starb hier auf Schloss Reisensburg Freiherr Friedrich Carl von Eyb. Er wurde in der Familiengruft am Kreuzberg beigesetzt. 1852 erwarb Maximilian Alexander von Riedheim auf Harthausen um 254.000 Gulden die stattliche Anlage. Im Jahre 1920 kam der Riedheim'sche Besitz zum Verkauf und wurde „zerschlagen".

Es dauerte mehrere Jahrzehnte, bis neues Leben in die Reisensburg einzog. Prof. Dr. Ludwig Heilmeyer, Gründungsrektor der Universität Ulm, erwarb 1966 das Schloss von der Witwe des Günzburger Rechtsanwaltes Dr. Vogl für das neu gegründete „Internationale Institut für Wissenschaftliche Zusammenarbeit e.V.". Die Anlage erfuhr nun nicht nur eine grundlegende Erneuerung, sondern auch eine Erweiterung durch moderne Anbauten für Tagungsräume und Übernachtungsmöglichkeiten. 1997 übernahm die Universität Ulm die Schlossanlage als Stiftung.

HINWEIS

Eine Besichtigung ist nur möglich im Rahmen der bei der VHS Günzburg angemeldeten Gruppenführungen.

Loy Hering, Mariä Verkündigung, 1523
Rechts: Die Reisensburg im 19. Jh.

Hoch über der Stadt Burgau thront das einst mächtige Schloss. Allerdings sind von der ursprünglich vierflügeligen Schlossanlage nur noch der Palas sowie der gegenüberliegende Torbau mit dem erdgeschossigen Nebengebäude erhalten.

Das heutige Erscheinungsbild geht auf einen Neubau des Jahres 1704 zurück, nachdem ein großer Brand weite Teile der Anlage erheblich beschädigt hatte. Der Wiederaufbau erfolgte durch den Edelstettener Baumeister Simpert Krämer. 1720 war der Bau vollendet. Damals erfolgte die Verlegung der Schlosskapelle St. Johannis in das Schlossinnere. Ihr Vorgängerbau, die 1438 vom Landvogt gestiftete Kapelle, stand dagegen im Schlosshof vor dem Palas.

Im Jahre 1147 erscheint erstmals ein welfischer Ministeriale (Amtsträger) namens Bruno von Burgau. Ob er schon einen Ansitz an der Stelle des heutigen Schlosses hatte, muss offen bleiben. 1212 verlieh Kaiser Friedrich II. einem Grafen von Berg das Burgauer Herrschaftsgebiet. Da im gleichen Jahr die Grafen von Berg den Titel eines Markgrafen annahmen, wurde Burgau nun Hauptort der Markgrafschaft Burgau. Als 1301 Markgraf Heinrich II. kinderlos verstarb, fiel die Markgrafschaft Burgau an König Albrecht I. zurück.

Den Bayernherzögen war dieser österreichische Machtzuwachs in Süddeutschland jedoch ein Dorn im Auge. Nur mit Glück entging Burgau 1324/25 der Einnahme durch König Ludwig den Bayern. Burgau blieb somit österreichisch. Allerdings schmälerte der Aufstieg Günzburgs zum Hauptort der Markgrafschaft die Bedeutung Burgaus erheblich, sodass seit dem 14./15. Jahrhundert die Burg „in der Au", wie sie damals genannt wurde, lediglich Sitz von österreichischen Landvögten und Pflegern war. 1787 fiel das Schloss an die Freiherren von Salzenhofen, die es 1831 an die Stadt veräußerten.

Als städtisches Eigentum wurde nun das Schloss bis 1984 als Schulhaus genutzt.

Dann zog 1986 in den 2. Stock das 1908 gegründete Heimatmuseum ein. Jüngst mussten wegen der sich offenkundig verschlechternden Statik umfangreiche Sicherungs- und Sanierungsmaßnahmen begonnen werden.

HINWEIS

Heimatmuseum im Schloss, Norbert-Schuster-Str. 11; zur Zeit (2006) wird an einer Neukonzeption des Museums gearbeitet. Informationen bei der Stadtverwaltung Burgau unter Tel. 0 82 22/4 00 60 sowie unter: www.burgau.de.

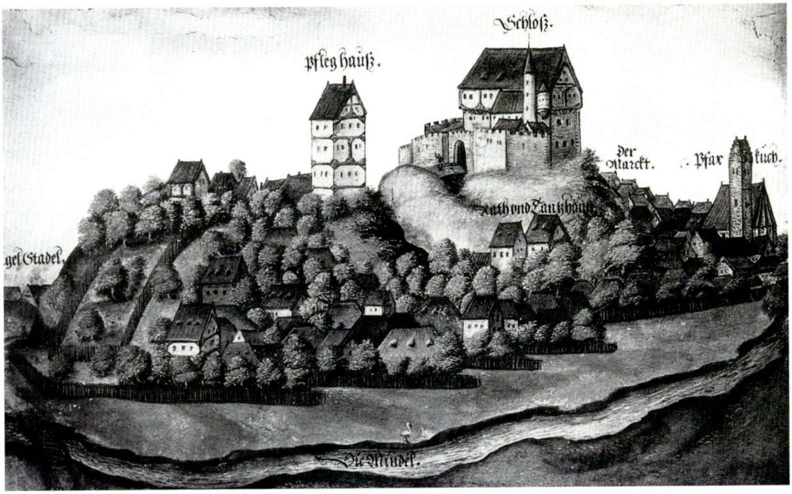

Oben: Burgau 1555, aus: „Ehrenspiegel des Hauses Habsburg“

Das Schloss der Freiherren von Riedheim ist eine stattliche viergeschossige Anlage mit zwei Seitenflügeln, Eckerkern und schönen Schweifgiebeln. Aus zwei Vorgängerbauten des 15. und 16. Jahrhunderts wurde um 1763 der heutige schöne Barockbau als eine Einheit errichtet. Der mächtige, mehrgeschossige Baukörper entstand in drei unterschiedlichen Bauphasen. Der älteste Teil ist der Südflügel, in dem ein spätgotischer Kernbau aus der Zeit um 1450 steckt, während der Nordflügel mit seinen vier runden Ecktürmen unter dem damaligen Besitzer Heinrich Truchsess von Höfingen aus der Zeit um 1560 stammt. Beide Gebäude waren durch einen ursprünglich ebenerdigen, Anfang des 17. Jahrhunderts auf drei Geschosse erhöhten Gang verbunden.

Um 1760 ließ Freiherr Johann Alexander von Riedheim, Oberforstmeister zu Eichstätt, den Verbindungstrakt zur heutigen Form ausbauen und die Seitenflügel umgestalten. Die Vorentwürfe lieferte dabei wohl der Eichstätter Hofbaumeister Maurizio Pedetti, der auch für den Bau der westlich vom Schloss gelegenen Remise verantwortlich gewesen sein dürfte. Die Ausführung und die Dekorationsarbeiten stammen dagegen von dem bischöflich-augsburgischen Hofbaumeister Franz Xaver Kleinhans.

Das Wappen der Freiherren von Riedheim mit der Jahreszahl 1763 befindet sich über der Toreinfahrt in einer stuckierten Kartusche von Ignaz Finsterwalder. Steht das Wappen der Riedheim im Zentrum, so sind seitwärts die Wappen der Adelsfamilien Stauffenberg, Hornstein, Giel und Freyberg angebracht.

1972 bis 1977 wurden Schloss und Remise grundlegend saniert. Damals erhielt das Schloss die Farbfassade des 18. Jahrhunderts wieder zurück.

Die im Westen des Schlosses 1763 bogenförmig angelegten Remisen bilden einen so genannten Ehrenhof. Im Anschluss daran erstreckt sich der schon 1560 nachweisbare „Baum- und Grasgarten“, während der „Lustgarten“ heute nicht mehr erhalten ist.

HINWEIS

Das Schloss ist in Privatbesitz und kann nicht besichtigt werden.

Auch wenn das Schloss etwas versteckt liegt und nicht ganz leicht zu finden ist, so ist das Schloss in Unterknöringen nicht nur wegen seiner idyllischen Lage doch ein Geheimtipp. Erstmals erwähnt wurde Knöringen im Zusammenhang mit einer Begüterung um 1140 durch den königlichen Ministerialen Konrad von Wallerstein. Dieser Konrad von Wallerstein führt aber unmittelbar in das Ries, denn bei ihm handelt es sich um eben den Konrad von Wallerstein, der nach neueren Forschungen das Bindeglied zwischen den Grafen von Oettingen und den Staufern darstellen könnte.

Die ehemalige idyllisch gelegene Wasserburg war ursprünglich Ansitz der 1197 urkundlich erwähnten Herren von Knöringen. Nach 1250 erscheinen sie als Ministeriale der Markgrafen von Burgau. Eitel Hans von Knöringen kaufte 1575 von seinen Verwandten Schloss und Dorf Knöringen. Die zwischenzeitlich in den Freiherrnstand erhobene Familie veräußerte das Gut 1671 an das Reichsstift Wettenhausen. Von diesem ging es an Johann Christof von Rehlingen. 1750 jedoch kam Knöringen von dem fürstlich-salzburgischen Kämmerer und Oberpfleger zu Zell im Pinzgau durch Verkauf an Johann Christoph Freiherr von Freyberg zu Hürbel-Haldenwang. Der heute bestehende dreigeschossige Satteldachbau stammt aus der Zeit

um 1600. Die Einrichtung eines Schlossrestaurants durch den heutigen Eigentümer Georg Freiherr von Freyberg-Eisenberg brachte neues Leben in das alte Gemäuer. Es ist inzwischen mehr als ein Geheimtipp für die Genießer einer guten Küche in einer gemütlichen und stilvollen Atmosphäre.

HINWEIS

Schloss Unterknöringen, Von-Freyberg-Str. 11, 89331 Burgau, Infos unter Tel. 08222/413939. Besonderheit: Sonntagsbrunch für die ganze Familie an jedem 1. So. im Monat, Familienfeste, Konferenzen u.ä. Im Sommer Biergartenbetrieb. Öffnungszeiten: Fr. und Sa. ab 18 Uhr, So. von 11.30–18 Uhr. Während der Woche für Gruppen ab 15 Personen. Infos unter: www.tafelhelden.de

Für das Jahr 1436 ist eine kleine Wasserburg an der Stelle des heutigen Schlosses belegt. Nach der Zerstörung dieser Anlage verkaufte Hiltpold von Knöringen den Markt Jettingen an den Ritter Hans vom Stain zu Ronsberg. Es spricht manches dafür, dass schon unter der neuen Herrschaft um 1470/80 ein kleines Wasserschloss errichtet worden ist.

Um 1600 erfolgten umfassende Erweiterungen und Umbauten des Schlosses zu einer Vierflügelanlage. Der Bauherr, Heinrich vom Stain, ließ bald darauf auch die Schlösser in Eberstall und in Unterwaldbach errichten.

Nach über 300-jähriger Besitzgeschichte verkauften die Freiherren vom Stain 1746 das Schloss mit allem Zubehör an die Freiherren Schenk von Stauffenberg. Anlässlich ihrer Erhebung in den Reichsgrafenstand 1791 ließen diese das Schloss zu einer repräsentativen Anlage mit einem ausgedehnten Park erweitern. 1833 fiel die Herrschaft Jettingen an die Amerdinger Linie der Stauffenberg, die 1874 durch König Ludwig II. von Bayern in den erblichen Reichsgrafenstand erhoben worden ist.

1841 erfolgte die Wiederherstellung des weitgehend zerfallenen Schlosses. Damals wurden auch die alten Wassergräben zugeschüttet. Nach einem Brand im Jahre 1929 verzichtete man aber beim Wiederaufbau auf das dritte Stockwerk.

Gleich neben dem Haupteingang befindet sich die Schlosskapelle mit einer schönen Innenausstattung, in der ein 1599 überarbeiteter Flügelaltar besonders beachtenswert ist. Hervorzuheben ist auch die Parkanlage, die im Laufe der Zeit – je nach vorherrschendem Geschmack – immer wieder umgestaltet wurde. Erst jüngst hat man mit der Realisierung eines neuen Gartenkonzeptes begonnen.

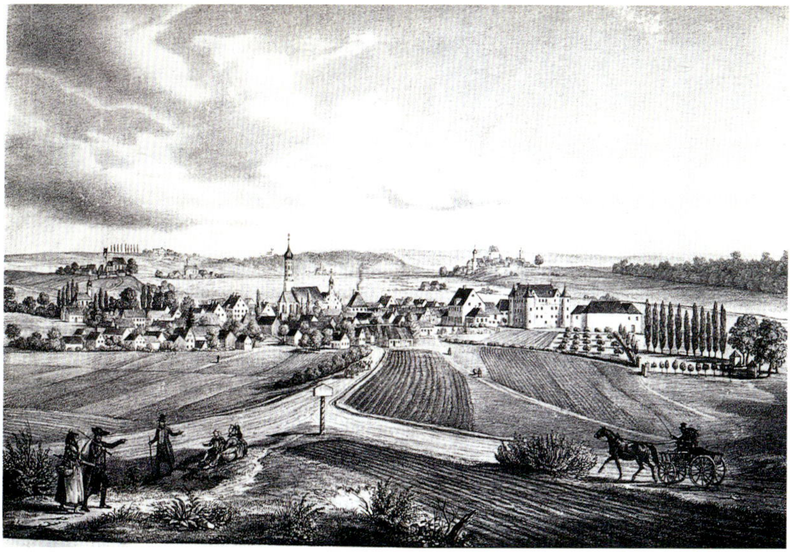

Epitaphien (oben) und Flügelaltar (unten) in der Schlosskapelle. Gedenktafel für Claus Graf von Stauffenberg an der Schlossmauer (rechts)

HINWEIS

Das Schloss ist in Privatbesitz und kann nicht besichtigt werden.

Kommt man von Bissingen im Kesseltal nach Burtenbach, dann begegnet man hier wie dort einer Persönlichkeit, die für beide Orte eine gewisse Bedeutung hatte. Die Rede ist von Sebastian Schertlin von Burtenbach, der seit 1532 im Besitz des Ortes war und diesen zum Mittelpunkt einer reichsritterschaftlichen Herrschaft ausbaute. Schertlin von Burtenbach erwarb das Schloss und den Markt von Ulrich Burggraf IV. von Zusameck, der die mehrmals zerstörte Burg als bischöflich-augsburgisches Lehen innehatte. Nach der Aussöhnung Schertlins mit Kaiser Karl V. 1553 widmete sich der aus der Verbannung zurückgekehrte Schertlin intensiv seinen Gütern. Dazu zählten auch umfangreiche Baumaßnahmen an seinem Schloss in Burtenbach 1556/57. Damals entstand das „Neue Schloss“, das aber nach einem Brand in den Jahren 1737 bis 1740 unter Albrecht Heinrich Schertlin in der Formensprache des Barock erneuert werden musste.

Im 19. Jahrhundert wurde es erneut umgestaltet. Unter Friedrich von Halder fand es in den Jahren 1837 bis 1840 zu seiner heutigen Form und kam bald darauf, im Jahre 1855, in den Besitz der Freiherren von Stetten.

Zur Schlossanlage gehört auch der mächtige Zehentstadel – mit imposantem Walmdachbau des 18. Jahrhunderts; angebaut ist ein Rundturm aus dem 16. Jahrhundert, der als Wehrturm gedeutet werden kann. Im sog. Gärtnerhaus befindet sich heute die Gutsverwaltung. Dieses im Kern sicher ältere Gebäude wurde um 1900 zur heutigen Form umgebaut. Erwähnenswert ist auch der Pferdestall aus dem Jahre 1912 im Osten der Anlage.

Südlich des Schlosses erstreckt sich der Park, dessen einst barockes Wegesystem im 19. Jahrhundert zu einem Landschaftspark umgestaltet wurde. Die lange Zeit im Park stehende einstige Augsburger Brunnenfigur wurde im Jahr 2000 von der Eigentümerin als Leihgabe dem Maximilianmuseum in Augsburg übergeben.

HINWEIS

Das Schloss ist in Privatbesitz und kann nicht besichtigt werden.
Der Schlosshof kann besucht werden.

Unten: Tafelgemälde der Familie Schertlin
Rechts: Epitaph des Sebastian Schertlin

Schloss Neuburg

Schon 1209 wurde eine Burg in Neuburg an der Kammel genannt. Nach mehrmaligem Besitzerwechsel kam die Herrschaft 1460 von den Herren von Ellerbach an die Herren von Rechberg, die sie bis 1524 innehatten. 1524 erwarb Erhard Vöhlin von Frickenhausen das nunmehrige Schloss als Nachfolgebau der mittelalterlichen Burg. Aber erst sein Sohn Johann Christoph I. Vöhlin ließ in den Jahren 1562 bis 1567 ein Renaissanceschloss errichten. Aus dieser Zeit stammen neben dem dreigeschossigen Satteldachbau des Hauptbaus der Torturm, die Wirtschaftsgebäude des Vorhofes sowie die das Schlossareal auf drei Seiten umschließende Ringmauer mit dem Wehrgang. Auf das 16. Jahrhundert geht auch die Schlosskapelle zurück, die im Jahre 1911 jedoch erneuert worden ist. Die feldseitige Inschrift des Torturms von 1567 zeigt das Allianzwappen des Auftraggebers. Leider ist der originale Textbereich von einem früheren Besitzer des ausgehenden 20. Jahrhunderts zerstört worden. Die im Dreißigjährigen Krieg entstandenen Schäden wurden in den 1650er Jahren beseitigt.

Ab 1805 war das Schloss bayerisches Lehen und kam 1817 in den Besitz der Freiherren von Aretin. Seit 1984 ist es Privatbe-

sitz und seit 1998 als Restaurantbetrieb im Rahmen von Veranstaltungen der Öffentlichkeit zugänglich. Zu Publikumsmagneten sind inzwischen die hier auf Schloss Neuburg abgehaltenen Märkte geworden. Der Bogen spannt sich dabei vom Eiermarkt an Ostern und der Oldtimer-Ausstellung am „Vatertag" hin zum Kunsthandwerker- und Töpfermarkt im Herbst und dem Weihnachtsmarkt im Dezember.

Unten: Freiherr Joh. Christoph von Vöhlin
Darunter: Allianzwappen des Bauherrn von Schloss Neuburg

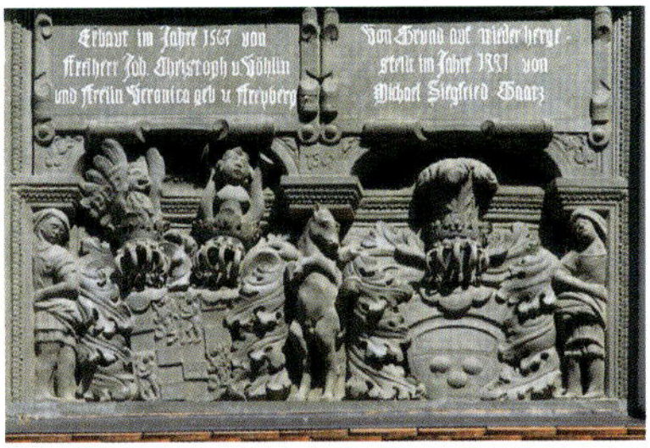

HINWEIS

Infos und Reservierungen unter
Tel. 08283/92 84 55 oder
E-Mail: mail@schloss-neuburg.de,
www.schloss-neuburg.de

OBERES UND UNTERES SCHLOSS ICHENHAUSEN

Wie in Oettingen im Ries, so ist auch in Ichenhausen eine städtebauliche Besonderheit festzustellen: eine Stadt – zwei Schlösser. Hier wie dort geht diese Tatsache auf die Teilung der Stadt unter der jeweiligen Herrschaft zurück.

Ichenhausen verdankt seinen Wandel vom Dorf zum Markt im Jahre 1406 und die Befestigung des Ortes der Familie von Rot. 1561 wurden Hans Friedrich und sein Bruder mit der Burg und dem Markt belehnt. 1574 veräußern sie jedoch den Ort samt Schloss, Zehnt, Gericht und Vogtei sowie andere Einkünfte an die Familie Stain zum Rechtenstein. 1657 nun teilten die Brüder Johann Andreas und Johann Joachim den Ort in zwei Ortsherrschaften. Von nun an gab es eine „oberschlossige" und eine „unterschlossige" Herrschaft. Die Teilung bestand bis 1784. Die beiden Schlösser als Mittelpunkt der einstmals getrennten Herrschaften kamen im 19. Jahrhundert durch Kauf an die Gemeinde.

Das einstige Obere Schloss ist seit 1927 Rathaus. 1566 wurde es von Hans Friedrich von Rot erbaut, aber bereits 1574 an die Freiherren vom Stain verkauft. Der ursprüngliche Renaissancebau wurde durch zahlreiche Überformungen der folgenden Stilepochen innen wie außen deutlich verändert.

Im Unteren Schloss ist heute das bayerische Schulmuseum untergebracht. Bis 1852 war es Eigentum der Freiherren vom Stain und kam 1860 in Gemeindebesitz. Der Markt richtete daraufhin eine Schule ein.

Das dreigeschossige Gebäude wurde 1697 unter Franz Marquard vom Stain an der Stelle der mittelalterlichen Burg errichtet. Heute noch ist ein Rest des mittelalterlichen

Grabens zu sehen. Die ursprünglichen Nebengebäude wurden abgebrochen. Sie bildeten damals zusammen mit Hauptschloss, Ökonomie, Hofreite und Gärten ein ansehnliches Ensemble, wie aus einer 1755 gefertigten Zeichnung hervorgeht.

1980 erfolgte der Vertragsabschluss zwischen dem Freistaat Bayern, der Stadt Ichenhausen, dem Landkreis Günzburg und dem Bezirk Schwaben über die Einrichtung eines Schulmuseums als Zweigstelle des Bayerischen Nationalmuseums. Nach der grundlegenden Gesamtinstandsetzung des Schlosses in den Jahren 1980 bis 1983 konnte das Schulmuseum 1984 eröffnet werden. Im Schlosshof ist zwischenzeitlich ein Erweiterungsbau errichtet worden.

Am Eingangsportal erkennt der Besucher das Wappen des Bauherrn und seiner Gemahlin, also das vom Stain/Freyberg'sche Allianzwappen. Und im prächtigen Festsaal empfängt ihn die ganze barocke Pracht einer üppigen Innenausstattung, wie sie sich nun über drei Jahrhunderte erhalten hat.

Rechts: Darstellung der Wiedervereinigung der Ortsherrschaften 1784
Rechts unten: Doppelwappen von Stain und Freyberg

HINWEIS

Unteres Schloss, Schlossplatz 3,
Öffnungszeiten des bayerischen Schulmuseums Di. bis So. 10–17 Uhr,
Tel. 08223/408640 und 6189 (Museum)
Oberes Schloss: Rathaus, geöffnet während der Dienstzeiten

Der dreigeschossige Walmdachbau des Schlosses in Autenried, umgeben von einem Wirtschaftshof und einem Schlosspark, wurde zu Beginn des 18. Jahrhunderts errichtet. Dieses Schloss hatte einen Vorgängerbau in Form eines Wasserschlosses, das seit dem 16. Jahrhundert im Besitz der Grafen von Rechberg war. 1509 ging nämlich die Herrschaft Autenried an die Grafen von Rechberg über, deren Ansitz auf Zeichnungen von 1613 und 1634 dargestellt ist. 1650 erwarb Johann Heinrich von Lapiere die Herrschaft, restaurierte das Schloss und erbaute eine Kapelle. Mit dem Bau des Zehentstadels und eines Wirtschaftsgebäudes 1652 entstand eine schmucke Anlage mit einem Ehrenhof.

Das neue Schloss wurde unter der Leitung des aus Ichenhausen stammenden Baumeisters und Stuckators Johann Georg Reiner an der Stelle des genannten Wasserschlosses errichtet, das Freiherr Josef Eusebius von der Halden 1708 abreißen und bis 1711 durch einen Neubau ersetzen ließ. Um 1730 wurden die Decken des Festsaales und weiterer Räume stuckiert. 1807/08 gab der damalige Eigentümer Freiherr von Reck durch eine klassizistische Überformung des Schlossgebäudes vor allem der hofseitigen Fassade eine neue Gestaltung. Aus der Zeit des beginnenden 19. Jahrhunderts stammen wohl auch die von dem Ort Oxenbronn auf das Schloss zu führende Allee sowie der Landschaftspark.

1959 erwarb das Slawische Institut München e.V. das Schloss, um hier ein Ikonenmuseum unterzubringen. Es ist mit mehr als 4000 Exponaten sakraler Kunst der Ostkirche das einzige Spezialmuseum dieser Art in Süddeutschland. Durch die Einrichtung des Museums war die Wiederherstellung des im Krieg beschädigten Schlosses gewährleistet.

Von der Innenausstattung sind insbesondere die Parkettböden des ersten Obergeschosses sowie die Stuckdecken der Salons und des Ballsaales im zweiten Obergeschoss zu erwähnen. Die Stuckarbeiten stammen von dem Degginger Meister J. Schweizer, der auch den Stuck im Festsaal auf Schloss Baldern bei Bopfingen/Württ. gearbeitet hat. Leider ist von der mobilen Innenausstattung nichts mehr erhalten. Sie wurde mit wenigen Ausnahmen nach dem Zweiten Weltkrieg verkauft oder fiel Plünderungen zum Opfer.

HINWEIS

Schloss Autenried, 89335 Ichenhausen-Autenried. Infos unter Tel. 0 82 23/8 62.
Öffnungszeiten: So. und Feiertag 14–17 Uhr, werktags für Gruppen nach schriftlicher Voranmeldung,
E-Mail: schloss-hofberg@t-online.de,
www.ikonen.org

Spricht man von Schloss Edelstetten, so muss zuvor das gleichnamige Damenstift genannt werden. 1126 soll eine sagenhafte Gisela von Schwabegg ein Chorfrauenstift auf einer Anhöhe eines Nebentales der Kammel gestiftet haben. Um 1500 wurde das Chorfrauenstift in ein weltliches adeliges Damenstift umgewandelt, das im ausgehenden 18. Jahrhundert die Reichsunmittelbarkeit erlangte. 1803 fiel die Stiftsanlage im Zuge der Säkularisation an Karl Josef Lamoral von Ligne, der die Herrschaft aber schon 1804 an Nikolaus II. Fürst Esterhazy von Galantha veräußerte. Das Schloss ist bis heute Eigentum der Esterhazy.

Die ehemalige Damenstiftskirche ist heute die kath. Pfarrkirche St. Johannes Baptista und St. Johannes Evangelista. Sie wurde 1708 bis 1712 durch Simpert Krämer nach einem Entwurf des Ottobeurener Baudirektors Christoph Vogt errichtet. Ein Besuch dieser Kirche gehört zu einem kulturtouristischen „Muss". Im Anschluss an die Kirche befindet sich die dreiflügelige Schlossanlage, das ehemalige Damenstift. Die Gebäude dieses Damenstiftes wurden in den Jahren 1682 bis 1705 unter den Äbtissinen Katharina Franziska und Maria Carolina von Westernach er-

richtet. Den Plan zu diesem Bauprojekt hatte der Vorarlberger Baumeister Michael Thumb geliefert. Bei ihm lag auch die Bauleitung, die nach dessen Tod 1690 an seinen Landsmann Ambrosius Willam überging.

Nach Zerstörungen im 14. Jahrhundert und nochmals während des Bauernkrieges 1525 konnte das Kloster erst 1542 wieder aufgebaut werden. Auch im Dreißigjährigen Krieg wurde es schwer in Mitleidenschaft gezogen und musste erneut bewohnbar gemacht werden. Ende des 17. Jahrhunderts erfolgte dann der Bau der heutigen Anlage.

Die um 1700 entstandene Stuckausstattung des zweiten Obergeschosses ist besonders hervorzuheben. Bei einem Vergleich mit den Stuckarbeiten auf Schloss Kronburg ist die Vermutung nicht von der Hand zu weisen, dass die Stuckarbeiten in Edelstetten von Simpert Krämer, dem Stuckator der Stiftskirche, stammen könnten.

HINWEIS

Das Schloss kann nur von außen besichtigt werden. Ein Besuch der benachbarten ehemaligen Stiftskirche St. Johannes Baptist und Johannes Evangelist ist überaus lohnenswert.

Wo der wohl welfische Ministeriale Hiltibold von Krumbach, welcher für das Jahr 1156 belegt ist, seinen Sitz hatte, ist unklar. Von 1213 bis 1301 war der nicht zu lokalisierende Ansitz im Besitz der Markgrafen von Burgau und kam nach deren Aussterben 1301 an das Haus Habsburg, bei dem er bis 1805 auch bleiben sollte. Freilich wurde das Schloss immer wieder als Lehen ausgegeben.

Lehenträger waren unter anderem die Weber von Pisenberg (1575–1630) und die Grafen von Lichtenstein-Kastelkron (1630 bis 1759). An die Abtei Wettenhausen waren

Markt und Schloss Krumbach zwischen 1759 und 1767 verpfändet.

Der dreigeschossige Bau wurde in der 1. Hälfte des 16. Jahrhunderts, wohl um 1530, durch den kaiserlichen Rat Hans Lamparter von Greiffenstein weitgehend errichtet. Nach seinem Tod 1535 wurde er von seiner Witwe Regina Lamparter mit hohem Kostenaufwand fertiggestellt. Nach 1632 und zu Beginn des 18. Jahrhunderts wurde er erneuert und im Inneren umgestaltet. Insbesondere die Grafen von Lichtenstein ließen vor allem im Inneren des Schlosses umfangreiche Arbeiten vornehmen.

Obwohl der Abbruch des Schlosses schon beschlossene Sache war, konnte es die Gemeinde zur Einrichtung einer Schule erwerben. Ab 1837 diente das Schloss als Sitz des Landgerichts, kurz darauf erfolgte der Abbruch des südöstlichen Bürgerturms und an dessen Stelle der Anbau der Fronfeste. Heute befindet sich im Schloss die Fachakademie für Sozialpädagogik.

In Krumbach, genauer: im Ortsteil Hürben ist aber ein weiterer Schlossbau beachtenswert. Das Hürbener Wasserschloss, vom Typ her ein ehemaliges Weiherhaus, stammt im Kern wohl aus der Zeit um 1474 und wurde im 18. Jahrhundert erneuert. Errichtet wurde es im Auftrag des damaligen Ortsherrn Hans von Freyberg. Teile der Ausstattung des Kernbaus des 15. Jahrhunderts sind heute noch erhalten. Besonders beachtenswert und in weitem Umkreis einzigartig ist die original erhaltene Raumaufteilung im 1. und 2. Stock. Die reizvolle Fassadenmalerei ist 1786 gefertigt worden.

Das Schlösschen stellt nicht nur für Krumbach ein bedeutendes Architekturdenkmal dar, zumal in Bayern nur noch wenige Adelssitze vom Typus sog. Weiherhäuser anzutreffen sind. Nach umfangreichen Sanierungs- und Renovierungsmaßnahmen ab 1978 beherbergt es seit 1990 die Beratungsstelle für Volksmusik in Schwaben des Bezirks Schwaben.

Oben: Das Hürbener Wasserschloss
Links: Schloss Krumbach

HINWEIS

Das Schloss in Krumbach kann nicht besichtigt werden. Die Beratungsstelle im Hürbener Wasserschloss kann während der Bürozeiten besucht werden. E-Mail: info@volksmusikberatung-schwaben.de

SCHLOSS SEYFRIEDSBERG

Wie Schloss Burtenbach weist auch die Geschichte dieses Schlosses in das Ries. Warum das so ist, erfährt der Besucher beim Besuch der Wallfahrtskirche Maria Vesperbild: Dort befindet sich am Chorbogen das Wappen des fürstlichen Hauses Oettingen-Wallerstein.

Doch zuerst einmal zur früheren Geschichte von Schloss und Herrschaft Seyfriedsberg. Erstmals 1251 als Sitz des staufischen Ministerialen Konrad Spannagel genannt, kam Seyfriedsberg im späten 13. Jahrhundert an die Markgrafen von Burgau und nach deren Aussterben 1301 an das Haus Habsburg. In der Folgezeit wurde die Herrschaft regelmäßig verpfändet. Zwischen 1515 und 1614 war die Herrschaft im Besitz der Villinger von Schöneberg. Karl Villinger ließ um 1550 das Schloss neu erbauen und 1606 den Zwinger und den Garten anlegen. 1619 kam die Herrschaft an Maria Gräfin Fugger zu Kirchheim, um nur wenige Jahre später an den Kämmerer und Jägermeister Jakob de Saint Vincent überzugehen.

1667 schließlich wurde das Schloss von den Grafen von Oettingen-Wallerstein erworben und während des 18. und 19. Jahrhunderts immer wieder erneuert. Seit 1836 ist Seyfriedsberg die Sekundogenitur des im Ries ansässigen fürstlichen Hauses Oettingen-Wallerstein. Das bedeutet, dass immer der zweitgeborene Sohn diese Herrschaft erhielt – und bis auf den heutigen Tag erhält. 1709/10 erfolgten durch den Günzburger Werkmeister Valerian Brenner im Auftrag des Grafen Karl Dominikus zu Oettingen-Waller-

stein Erneuerungsarbeiten am baufällig gewordenen Schloss, das damals schon eine zweiflügelige Anlage über einem rechtwinkligen Grundriss war. 1751 erwarb Graf Philipp Karl zu Oettingen-Wallerstein Seyfriedsberg als österreichisches Mannlehen.

1838 bis 1851 erfolgte unter Prinz Anselm Karl und seiner Gemahlin Julie, Gräfin von Dietrichstein, der Umbau des dreigeschossigen Hauptschlosses zu Wohnzwecken. Unter Anselm Karl wurde 1841 auch der Schlosspark als forstbotanischer Landschaftsgarten angelegt. Eine barocke Gartenanlage ist freilich schon 1609 erwähnt. Das Ensemble ist weitgehend intakt: Hauptgebäude mit Durchfahrt und Kapelle, Vorhof mit Bibliothek, Beschließerei, Prinzenhaus und Gärtnerei sowie der großzügig angelegte Park.

HINWEIS

Das Schloss ist in Privatbesitz und kann nicht besichtigt werden. Teile des Schlossparks können jedoch begangen werden. Seyfriedsberg ist heute noch die Sekundogenitur des fürstlichen Hauses Oettingen-Wallerstein im Ries.

Literatur:

Dehio, Georg, Handbuch der deutschen Kunstdenkmäler Bayern III: Schwaben, bearb. von Bruno Bushart und Georg Paula, München, Berlin 1989

Die Reisensburg. Ein Kurzführer zu ihrer Geschichte, hrsg. vom historischen Verein Günzburg und Förderverein Schloss Reisensburg, o.O., 1998

Hagen, Bernd von, Wegener-Hüssen, Angelika, Denkmäler in Bayern. Landkreis Günzburg, München 2004

Weizenegger, Josef, Schretzenmayr, Heribert, Burgen und Schlösser, Günzburg 2000

Ein Blick in den „Historischen Atlas" des Landkreises Augsburg zeigt die Vielzahl großer und kleiner Herrschaftsträger in dieser Region. Am Ende des Alten Reiches (1806), so wird hierbei deutlich, verfügten damals keineswegs nur Hochstift und Domkapitel Augsburg oder die Fugger über Grundbesitz, sondern auch eine Reihe reichsritterschaftlicher und „nicht reichsunmittelbarer" Herrschaften. Wie andernorts, so ist auch hier zu beobachten, dass insbesondere im 18. Jahrhundert zahlreiche Augsburger Patrizierfamilien die Stadt verlassen haben, um sich fernab von der Hektik der Stadt einen Landsitz zu errichten. Viele dieser Landsitze sind heute noch in Familienbesitz und können deshalb nur von außen besichtigt werden. Wer sich mit diesem wichtigen Aspekt beschäftigen möchte, dem ist der im Jahre 2005 erschienene Band „Landsitze Augsburger Patrizier" zu empfehlen, der auf sehr anschauliche und informative Art und Weise mehr als 40 solcher heute noch bestehender oder bereits vergangener Objekte vor Augsburgs Toren, aber auch darüber hinaus, ausführlich schildert.

Wer von Augsburg spricht, der muss natürlich auch die Fugger nennen. Und dies nicht nur wegen der weltberühmten Sozialsiedlung, der Fuggerei, sondern auch wegen der Fuggerhäuser in der Maximilianstraße. Auf die Fugger geht auch eine Reihe von Landschlössern zurück, die sie entweder selbst errichtet oder in der Absicht erworben haben, sie dann auszubauen und zu erneuern. Verfolgt man den Besitzerwerb der Fugger im heutigen Landkreis Augsburg, dann ist die Herrschaft Biberbach als erster Erwerb zu nennen. 1514 wurde sie von Kaiser Maximilian Jakob Fugger gegeben, nachdem er sie kurz vorher von den Pappenheimern erworben hatte. Der fuggerische Besitzerwerb wurde, wie die folgende Auflistung zeigt, ungemindert fortgesetzt: 1528 Gablingen und Mickhausen, 1533 Oberndorf, 1536 Reichspflege Donauwörth, 1580 Nordendorf und Hainhofen, 1585 Meitingen, 1588 Schwabmünchen, 1595 Wellenburg, 1597 Welden und 1613 Emersacker. Damit sind aber nur die mit einem Schlossbesitz verbundenen Herrschaften des 16. und beginnenden 17. Jahrhunderts angesprochen.

Zu den Lieblingssitzen Raymund Fuggers gehörte Schloss Mickhausen, eine imposante dreigeschossige Vierflügelanlage, die heute auf eine grundlegende Sanierung wartet. Dabei ist ein Blick in die Geschichte dieses Gebäudeensembles durchaus interessant: Im 15. Jahrhundert stand hier nämlich der Herrensitz der Familie von Freyberg, eine Anlage, die bald darauf Kaiser Maximilian I. als Jagdschloss diente. 1535/36 ließ Raymund Fugger durch den Baumeister Narziss Krebs einen Neubau errichten, während unter Graf Paul Fugger in den Jahren 1691/95 und unter Graf Albert von Rechberg-Rothenlöwen nochmals Umbauten erfolgten.

Der Landkreis Augsburg ist, wie der bisher gegebene Überblick zeigt, überaus reich an Burgen und Schlössern. Neben den oben erwähnten Schlössern gibt es eine Reihe weiterer Herrschaftssitze, die hier zumindest kurz erwähnt werden müssen. Schloss Aystetten, heute noch in Familienbesitz, ist weithin bekannt durch sein schönes Porzellanzimmer. Nördlich des Ortes Aystetten liegt das 1793 erbaute Schlösschen Louisensruh, benannt nach Louise Freiin von Hößlin, geb. von Schnurbein. In Leitershofen finden sich ein Oberes Schloss, erbaut 1730/40, und ein Unteres Schloss, das 1355 erstmals erwähnt wurde. In Schwabmünchen steht außer dem einstigen Fuggerschloss das ehemalige Schloss Geyerburg, das heute als Jugendhaus genutzt wird. Von dem wahrscheinlich im 16. Jahrhundert von der Familie Langenmantel errichteten Schloss in Westheim stehen heute nur noch die Kapelle sowie das später errichtete so genannte Neue Schloss, das Alte Schloss dagegen gibt es heute nicht mehr. Batzenhofen war einst ein schlossartiger Sommersitz des Damenstiftes St. Stephan in Augsburg, während das Schloss in Elmischwang dem Stift St. Moritz in Augsburg gehörte. Heute ist in beiden Schlössern ein Altersheim untergebracht. Dieselbe Verwen-

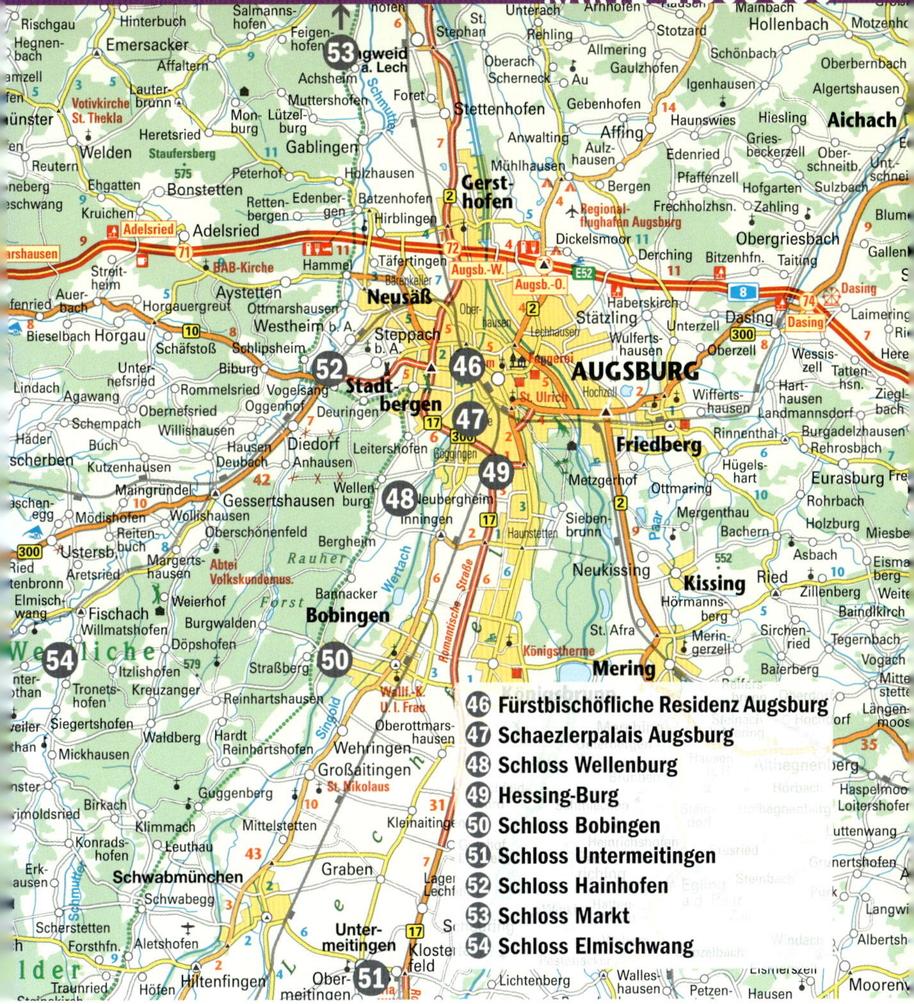

dung fanden auch die Schlösser in Meitingen und Stadtbergen, die beide aus dem 16. Jahrhundert stammen, aber im 18. Jahrhundert um- bzw. neu gebaut worden sind. Das ehemalige Schlösschen Engelhof, einst zum Kloster Heilig Kreuz in Augsburg gehörend, wurde später als Gutshof genutzt. Eine Brauerei beherbergte einst das Schloss Untermeitingen. Forstverwaltungen sind dagegen in die Schlösser Ettelried und Zusmarshausen eingezogen. Das Schloss in Gailenbach wurde 1592 erbaut – in Auftrag gegeben hatte es Zacharias Geizkofler, seines Zeichens kaiserlicher Rat und Reichspfennigmeister.

In der Stadt Augsburg findet sich ebenfalls eine Reihe residenzähnlicher Gebäude. Angesichts der Fülle repräsentativer Bauten muss hier aber auf eine lesenswerte, reich bebilderte Publikation verwiesen werden, in der diese Bauwerke – wie z.B. die oben schon erwähnten Fuggerhäuser, aber auch die Wohnsitze der Welser – anschaulich dargestellt werden. Zwei Beispiele aus der Vielzahl dieser prächtigen, das Stadtbild prägenden Gebäude und Wohnhäuser sollen aber auch im vorliegenden Führer stellvertretend beschrieben werden: die fürstbischöfliche Residenz und das Schaezlerpalais.

Fürstbischöfliche Residenz und Dom in Augsburg

Die ehemalige Residenz der Fürstbischöfe von Augsburg aus der Zeit des Barock ist aus dem Zusammenbau mehrerer älterer Gebäude entstanden. Von der mittelalterlichen Bischofspfalz steht heute freilich nur noch der 1507/08 erhöhte Turm, der sog. Burggrafenturm. Der Hauptflügel wurde 1743 von Johann Benedikt Ettl geschaffen, der Bau des Nordflügels erfolgte wenig später in den Jahren 1750–1752. In Anlehnung an die bestehenden Gebäude erfolgte 1902 ein Erweiterungsbau in Form des Südwestflügels und der Durchfahrt. In dieser gewölbten Durchfahrt sind drei fürstbischöfliche Wappensteine des 17./18. Jahrhunderts zu sehen.

Am Hauptflügel befindet sich ein 1785 bis 1789 nach Plänen von Ignaz Ingerl errichteter Balkon, darüber eine Rocaillekartusche mit dem von Löwen gehaltenen Wappen des Fürstbischofs Joseph I. Landgraf von Hessen-Darmstadt und eine Inschriftentafel mit der Jahreszahl 1743. Das rundbogige Hauptportal weist geschnitzte Türen mit klassizistischem Dekor und Masken auf.

Zwischenzeitlich hat in diese ehemalige fürstbischöfliche Residenz die Regierung von Schwaben Einzug gehalten. Das erklärt, weshalb das Innere der Residenz größtenteils zu Amtsräumen umgebaut worden ist. Sehenswert ist aber das Treppenhaus im Westteil des Nordflügels mit seiner dreiläufigen Treppe mit marmoriertem Balustergelände aus Holz und den 1752 von Johann Georg Bergmüller (1688–1762) geschaffenen Fresken an Wänden und Decken. An den Wandfeldern finden sich Allegorien der Donau, der Wertach und des Lechs, an der Decke die „Göttliche Vorsehung“, in den Bogenfeldern die Insignien des Fürstbischofs Joseph sowie in den Zwickelmedaillons die vier Kardinaltugenden Klugheit, Gerechtigkeit, Starkmut und Mäßigung.

Über einen kleinen Vorraum gelangt man in den großen Festsaal, der ebenfalls aus dem Jahre 1752 stammt. Die von Bergmüller für diesen Saal geschaffenen Ölbilder, die vier Erdteile darstellend, sind 1944 zerstört worden. Erhalten geblieben sind neben der Wandvertäfelung, den Spiegeln und den Türen zwei Fayenceöfen sowie die acht Porträts habsburgischer und wittelsbachischer Regenten in vergoldeten Rahmen. An der Stelle des Festsaals befand sich im Übrigen im Vorgängerbau der Kapitelsaal der Augsburger Bischöfe. In ihm wurde am 25. Juni 1530 die Confessio Augustana, das von Melanchthon verfasste evangelische Glaubensbekenntnis, vor Kaiser Karl V. und den Reichstagsmitgliedern durch den kursächsischen Kanzler Dr. Christian Baier verlesen.

Gegenüber der Regierung liegt der Hofgarten. Er wurde 1739/40 nach Plänen von Johann Kaspar Bagnato angelegt und Ende des 19. Jahrhunderts in den Bereichen der Gartenanlagen erneuert.

HINWEIS

Regierung von Schwaben, Fronhof 10, 86152 Augsburg. Der Park (Fronhof) ist öffentlich zugänglich, das Gebäude ist nur von außen zu besichtigen.

Wer in Augsburg auf Entdeckungstour geht, muss unbedingt auch das Schaezlerpalais aufsuchen – und das nicht nur als Freund und Kenner schöner Gemälde. Doch der Reihe nach.

Das Schaezlerpalais geht in seiner heutigen Form zurück auf das 18. Jahrhundert. 1765 wurde an der Stelle eines spätgotischen Bürgerhauses mit dem Neubau für den Bankier Benedikt Adam Liebert von Liebenhofen begonnen. Die Pläne stammten von dem Münchener Hofbaumeister Karl Albert von Lespilliez. 1770 waren der Bau und auch der Festsaal vollendet. Er wurde unter Anwesenheit von Erzherzogin Marie Antoinette, der Tochter Kaiserin Maria Theresias, eingeweiht. Maria Antoinette hatte auf ihrer Brautfahrt nach Paris auch in Augsburg Station gemacht. Ihr zu Ehren wurde im April 1770 im Liebert'schen Saale ein großes Fest mit Tanz und Modenschau abgehalten.

Zuerst diente das imposante Haus als Bank und Wohnhaus für den Bankier und Silberhändler Liebert von Liebenhofen. Als dieser 1810 verstarb, erbte seine Witwe das Haus. Von dieser kaufte es 1821 Freiherr Johann Lorenz von Schaezler, der 1793 Lieberts Tochter geheiratet hatte. Von ihm hat das An-

wesen seine heutige Bezeichnung. Bis 1958 verblieb das Gebäude im Besitz der Familie von Schaezler.

Von besonderem Interesse ist hier der bereits genannte Festsaal, der mit seinen Fresken, Stuckaturen und Spiegeln noch original erhalten ist. Das imposante Deckenfresko von Gregorio Guglielmi – signiert und datiert (1767) – zeigt eine Allegorie auf die Macht

des Handels. Dabei verbinden die figürlichen Darstellungen dieser Allegorie die damals bekannten Erdteile Europa, Afrika, Asien und Amerika. Die Stuckaturen an den Wänden und an der Decke stammen von Franz Xaver Feichtmayr d. J. und seinem Bruder Simpert. An der westlichen Stirnwand befindet sich das Wappen des Erbauers. Das Schnitzwerk an Spiegeln und Vertäfelungen stammt von Placidus Verhelst, gefasst sind sie von Ignaz Paur.

1958 kam das Gebäude – für Museumszwecke – als Schenkung des Freiherren von Schaezler an die Stadt Augsburg, die hier gemäß dem Schenkungsvertrag 1970 die „Deutsche Barockgalerie“ der Stadt Augsburg einrichtete.

Im Februar 2006 wurde das Palais nach umfangreichen Sanierungsarbeiten der Öffentlichkeit wieder zugänglich gemacht. Als neues Ausstellungsobjekt konnte dafür eine wertvolle Standuhr aus dem ursprünglichen Inventarbestand des Palais erworben werden.

HINWEIS

Schaezlerpalais, Deutsche Barockgalerie, eine Abteilung der Städtischen Kunstsammlungen Augsburg mit den Schwerpunkten der Malerei des Barock und Rokoko. Öffnungszeiten: Dienstag bis Sonntag 10 bis 17 Uhr. Infos und Anmeldung unter Tel. 08 21/3 24-41 02

SCHLOSS WELLENBURG

Am südwestlichen Stadtrand Augsburgs über der Wertachebene liegt Schloss Wellenburg. Seit 1595 ist es im Besitz des Hauses Fugger und gehört seit 1764 der Linie Fugger-Babenhausen.

Die Anfänge der Vorgängeranlage gehen wohl in das 13. Jahrhundert zurück. Vermutlich saßen hier die bischöflichen Kämmerer von Wellenburg. 1507 kam das Schloss über mehrere Augsburger Familien – Portner, Herwart, Langenmantel, Onsorg – schließlich an die Patrizierfamilie Lang. 1513 erscheint die Anlage als Lustschloss des Kardinals und späteren Fürsterzbischofs von Salzburg Matthias Lang, mit dessen Bruder Wilhelm die Familie 1579 im Mannesstamm ausstarb. Die weiblichen Nachkommen der Familie Lang veräußerten daraufhin Schloss und Herrschaft Wellenburg im Jahre 1595 an Jakob Fugger III. Bald nach dem Besitzerwechsel erfolgte der Neubau des äußeren Tores durch den Augsburger Stadtbaumeister Elias Holl. Durch Valerian Brenner aus Günzburg wurden damals auch die Schlosskapelle und die Stallungen erneuert.

Die im 17. und 18. Jahrhundert erfolgten Umbauten bestimmten das Erscheinungsbild nicht so sehr wie die Umgestaltungen im Stil der Neugotik in den Jahren 1857/58. Ob diese auf Georg Gollwitzer oder auf Georg von Stengel zurückgehen, ist in der Forschung umstritten. Heute noch ist aber im Speisesaal das im Jahre 1738 von Georg Lederer aus Augsburg gemalte große Deckenbild erhalten.

Die Ökonomiegebäude am Fuße des Schlossberges stammen aus dem 17./18. Jahrhundert. 1990 erfolgte der Neubau einer Gaststätte mit einem schön gelegenen Biergarten.

Die Wellenburger Allee mit einer Länge von ca. zwei Kilometern und einem Baumbestand von ca. 350 Linden wurde 1840 erstmals angelegt und zwischen 1880 und 1920 neu bepflanzt.

Oben: Die sog. Burg, eine schlossartige Anlage in historisierender Formensprache
Links: Schloss Wellenburg, heute noch Wohnsitz der fürstlichen Familie Fugger-Babenhausen

Auf dem Weg zu Schloss Wellenburg kommt man an den Hessing'schen Kliniken vorbei. Auch hier begegnet man nochmals dem Namen des Architekten, der – wie oben geschildert – in den 1850er Jahren Schloss Wellenburg erneuert hat: Georg Gollwitzer. Er erbaute um 1880 im Auftrag Friedrichs von Hessing die „Burg“ als das Gästehaus der Hessing'schen Kliniken. Die „Burg“ ist unter Verwendung historisierender Baustile errichtet worden und umfasst sowohl die Formensprache der Gotik, der Renaissance als auch die der Romanik. Der sehenswerte Gartensaal dagegen ist in Form des Jugendstiles gestaltet. In den 1990er Jahren wurde die „Burg“ grundlegend saniert.

HINWEIS

Schloss Wellenburg ist in Privatbesitz und kann nicht besichtigt werden. Unterhalb des Schlosses aber lädt im Sommer ein Biergarten zum Verweilen ein.
Die „Burg“, Hessingstraße 6 a, ist ebenfalls nur von außen zu besichtigen.

Wer sich in Bobingen auf Schlössersuche begibt, wird nicht enttäuscht, gab es doch einst elf Schlösschen in der Landgemeinde vor den Toren Augsburgs. Ist auch das einstige Heilig-Kreuz-Schlösschen (seit 1733 Besitz des Klosters Heilig-Kreuz in Augsburg, 1656 in weltlichen Händen) in der Bäckerstraße heute nicht mehr vorhanden, so wird man doch auf drei ehemalige Schlossanlagen treffen, die noch gut erhalten sind.

In dem im Süden des Ortes gelegenen Oberen Schlösschen befindet sich heute eine Bäckerei. Für das Jahr 1607 ist hier eine Braustätte des Hans Bartholomäus Welser nachweisbar. Das Mittlere Schlösschen in der Römerstraße 33 wird heute als Wohnhaus genutzt. Errichtet wurde es wohl im 17. Jahrhundert als Patrizierhaus, doch diente es zeitweise als Amtssitz bischöflicher Pfleger. Der herrschaftliche Charakter des mit Turm und Erker versehenen Gebäudes wird durch den parkähnlichen Garten mit der Schlossmauer deutlich unterstrichen.

Das Untere Schlösschen wurde 1543/44 von Anton Welser d. J. erbaut und später mehrfach verändert. Im Jahre 1590 ließ es Octavian Secundus Fugger, der es in diesem Jahr für 5100 Gulden erworben hatte, von Augsburger Handwerkern grundlegend renovieren und einen neuen Wasserturm anlegen. Das Schlösschen blieb bis 1648 Besitz der Fugger, dann veräußerte es Philipp Eduard Fugger an Quirin Rehlinger. Auf diesen folgten als Besitzer Baron de la Poippe und 1681 das Hochstift Augsburg, dessen Pfleger hier während des 18. Jahrhunderts wohnten. Marquard Eustach Fugger, der das Schlösschen für kurze Zeit innehatte, wollte es in den 1720er Jahren an den Protestanten von Raumer aus Augsburg veräußern. Da sich beim

Schloss jedoch die St.-Lorenz-Kapelle befand, verweigerte das Hochstift dazu seine Zustimmung. Neuer Besitzer wurde so der Augsburger Domkapitular Johann Wilhelm von Pettendorf. Heute befindet sich die Anlage im Besitz der Stadt Bobingen.

Im ehemaligen Festsaal (Obergeschoss) des zweigeschossigen Satteldachbaus befindet sich ein interessantes Deckengemälde: Göttermahl (um 1760), eine Arbeit Christian Erharts, eines Neffen des Augsburger Akademiedirektors Johann Georg Bergmüller. Dieser Festsaal und die weiteren Räume des Schlosses werden heute vom Kunstverein Bobingen genutzt, der hier eine ganzjährig geöffnete Kunstgalerie und eine Malschule unterhält.

HINWEIS

Unteres Schlösschen, Römerstraße 73, Kunstgalerie. Geöffnet Mittwoch bis Freitag 15–18 Uhr, Sonntag 14–18 Uhr.
August bis Mitte September geschlossen,
Tel. 0 82 34/80 02 32 (Kulturamt),
Tel. 0 82 34/13 44 (Kunstverein Bobingen)

Das ansehnliche Schlossensemble wird durch zwei große, im rechten Winkel aneinander stoßende Gebäudeteile gebildet. Sie sind in die zweite Hälfte des 17. bis Anfang des 18. Jahrhunderts zu datieren. Der Nordflügel enthält ein sehenswertes Treppenhaus aus der Zeit um 1750 mit zweiseitiger Rampentreppe, die, zusammenlaufend als Steg, zum Obergeschoss weitergeführt wird. Der hier gelegene Saal weist einen einfachen Deckenstuck auf. Komplettiert wird das Ensemble durch Ökonomie- und ein Brauereigebäude. Die Landwirtschaft wird heute noch betrieben – die Brauerei dagegen ist im Jahre 1988 geschlossen worden.

Die Augsburger Handelsfamilie Imhof, seit der Mitte des 16. Jahrhunderts in Untermeitingen begütert, erwarb 1592 das Schloss und ließ es zur heutigen Form ausbauen. Durch den Verkauf von Herrschaftsrechten und Gütern durch Emanuel Welser wurde damals Raimund Imhof Besitzer des Schlosses. Im Besitz der Familie Imhof blieb das stattliche Anwesen über einen Zeitraum von 11 Generationen bis zur Mitte des 19. Jahrhunderts. 1871 ging das Schloss durch Kauf in den Besitz des aus Schwabmünchen stammenden Ökonomen Franz Rieder über. Der Familie Rieder gehört das Anwesen immer noch. Die heutige Besitzerin Evelyn Strass, geborene Rieder, ist die Urenkelin des Franz Rieder.

In Schloss Untermeitingen lädt nicht nur ein vielbesuchtes Lokal mit schönen Gasträumen ein, sondern auch ein Brautmodenstudio in den mit Stuckdecken versehenen Räumen.

Nicht mehr in Bayerisch-Schwaben, sondern bereits auf oberbayerischem Gebiet liegen, nur wenige Kilometer von Untermeitingen entfernt, das zu Anfang des 17. Jahrhunderts errichtete und um 1900 erneuerte Schloss Hurlach sowie die Burgruine Haltenberg. Bei Schloss Hurlach, das sich in Privatbesitz befindet, ist nur eine Außenbesichtigung möglich, während die ganz in der Nähe des Lechs gelegene Ruine Haltenberg – auf eigene Gefahr – besichtigt werden kann.

HINWEIS

Schloss Untermeitingen, Familie Strass,
Schlossberg 5, 86836 Untermeitingen,
Gaststätte mit Biergarten,
Infos unter Tel. 0 82 32/90 68 68
E-Mail: info@schloss.net

Der heutige Bau des Schlosses steht an der Stelle eines mittelalterlichen Wasserschlosses in der Schmutterniederung. 1276 wird ein Ortsadelsgeschlecht erwähnt, das wohl am Ort des heutigen Schlosses ansässig war. Seit dem 14. Jahrhundert war die Anlage im Besitz mehrerer Augsburger Patrizierfamilien. Über die Portner, Langenmantel, Walter, Sulzer, Herwart und Rehlingen kam es schließlich – zumindest für kurze Zeit – an die Fugger. 1582 erwarb es Anton Fugger und ließ bald darauf das so genannte Hochschloss errichten. Um 1730 wurde dieses weitgehend erneuert und erhielt im Zuge dieser „Modernisierungsmaßnahme" seine heutige Gestalt eines viergeschossigen, würfelförmigen Walmdachbaus. Südwestlich an das Hochschloss schließt sich das sog. Langschloss an. Ende des 18. Jahrhunderts wurde es unter dem damaligen Inhaber Joseph Karl von Rehlingen umgestaltet, d. h. stilistisch den anderen Gebäuden angeglichen. Das langgestreckte Gebäude zu zweieinhalb Geschossen trägt ebenfalls ein Walmdach.

Noch einmal kurz zur Besitzgeschichte des Schlosses. Nach den Fuggern zog die Familie Paller auf Schloss Hainhofen auf. Im Jahre 1601 erwarb es Wolfgang Paller. Durch die Heirat seiner Tochter mit Marx Konrad Rehlingen kam das Schloss in den Besitz der Freiherren von Rehlingen, die hier bis 1848 das Patrimonialgericht, also niedere Herrschaftsrechte, ausübten. In den 1930er Jahren kam – durch Heirat – das Schloss an den Freiherren Rolf von Human. Er verpachtete den Besitz und vermietete das Schloss zunächst an die Arbeiterwohlfahrt. In den 1950er Jahren wurde hier ein Flüchtlingsaltersheim eingerichtet. 1970 erfolgte der Verkauf des Schlosses an einen Privatmann. Nach wechselvoller Nutzung wurde es schließlich 1988 an einen Privatmann versteigert. Seither wurde es innen wie außen gründlich restauriert. Im Zwerchgiebel über der nördlichen Tordurchfahrt befindet sich das Allianzwappen Rehlingen/Welsperg-Primör. Es geht zurück auf Joseph Karl Freiherrn von Rehlingen (gest. 1795) und seine Gemahlin Franzisca Gräfin von Welsperg-Primör.

Oben: Hainhofen – aus den „Augsburger Ansichten" von Johann Michael Frey, um 1800

HINWEIS

Das Schloss ist in Privatbesitz und kann nicht besichtigt werden.

Wer heute auf der „Romantischen Straße" in Richtung Süden fährt, sieht auf der Höhe von Meitingen rechter Hand den Markt Biberbach und nicht weit davon entfernt die Überreste einer einst stattlichen Burganlage. Schon von Weitem ist neben einer Kirche ein alle anderen Gebäude überragender, sich nach oben verjüngender weißer Turm zu erkennen. Wem gehörte diese Burg, welche Geschichte hat sie? Wie werden die noch vorhandenen Gebäude heute genutzt?

Luftaufnahmen zeigen, dass die Anlage aus zwei deutlich voneinander zu unterscheidenden Bauteilen besteht : die „hintere" oder östliche Burg mit dem Bergfried, dem oben genannten weißen Turm, und die „vordere"

Oben: Die Wallfahrtskirche von Biberbach

oder westliche Burg mit dem sog. Onoldsbacher Turm aus dem 16./17. Jahrhundert. Beide Burgareale sind durch eine den inneren Graben überspannende Bogenbrücke aus der Zeit um 1650 verbunden.

In der „vorderen Burg“ befindet sich die Schlosskapelle, die in ihrer heutigen barocken Form im Jahre 1738/39 durch Simon Rothmiller, Baumeister aus Höchstädt, errichtet worden ist. Die einstige Schlosskapelle und heutige katholische Filialkirche ist Johannes dem Täufer geweiht. Das zur Kirche gehörende ehemalige Kaplaneihaus und Wohnung des Schlossbenefiziaten ist dem Ring der Wirtschaftsgebäude eingegliedert.

Im 19. Jahrhundert erhielt das „vordere“ Schloss nämlich den Charakter eines Gutshofes mit mächtigen Ökonomiegebäuden südlich und nördlich der Einfahrt. Stall- und Scheunengebäude schließen sich an. Die Gebäude sind heute noch von Bedeutung, da diese Anlage als Reiterhof genutzt wird.

Ursprünglich im Besitz der Edelfreien von Biberbach, kam die Burg 1219 an Hiltbrand von Rechberg. Im Städtekrieg des Jahres 1399 von den Augsburgern zerstört, ist sie bald darauf wieder aufgebaut worden. 1514 wurde sie an Kaiser Maximilian verkauft und von diesem an die Fugger verpfändet – daher auch die Bezeichnung „Fuggerschloss“. Aus dieser Zeit stammen der Bergfried, die Ringmauern sowie die ersten beiden quadratischen Untergeschosse des Onoldsbacher Turmes. Bei den späteren baulichen Veränderungen waren auch die Baumeister Elias Holl und Valerian Brenner beteiligt.

Wer sich die Mühe macht, zur Burg hinaufzugehen (ca. 10 Minuten), wird mit einer schönen Aussicht über das Lechtal belohnt.

HINWEIS

Die Anlage ist in Privatbesitz, aber frei zugänglich. Allerdings ist keine Zufahrt mit dem Auto gestattet. Der Schlüssel für die Besichtigung der Kirche ist erhältlich bei Frau Maria Springer, Tel. 0 82 71/3154; Infos unter Tel. 0 82 71/8 01 80.
Im Übrigen findet sich auch in Meitingen, Hauptstraße 33/35, ein wohlerhaltenes Schloss, das in seiner heutigen Form aus dem 18. Jahrhundert stammt.

Schloss Elmischwang war im ausgehenden Mittelalter Besitz des Stiftes St. Moritz in Augsburg. 1472 verleibte es jedoch der damalige Lehensherr Hans Kirchtorf der Herrschaft Mickhausen ein. Der Besitz ist zu dieser Zeit wohl geteilt gewesen, denn Ende des 15. Jahrhunderts war ein Drittel des Gutes bei Martha von Freyberg. Im Jahre 1528 kam das Schloss Elmischwang mit Mickhausen an Raymund Fugger.

Im 17. Jahrhundert erfolgten mehrere Besitzerwechsel. 1749 war Elmischwang im Besitz des Augsburger Domkapitels, das aber schon 1775 an Markus II. von Schnurbein veräußerte. Dieser vermachte testamentarisch 1791 das Gut seiner Nichte Euphrosina Elisabeth Magdalena und deren Gemahl David von Stetten.

1875 gelangte über die beiden Enkelinnen Paul von Stettens, Mathilde und Adelgunde, Gut Elmischwang an die freiherrliche Familie von Aufseß. Unter den neuen Besitzern baute der Augsburger Architekt Jean Keller im Jahre 1894 die Ökonomie um und errichtete nordöstlich des Schlosses die neugotische Villa Lehnersberg. Nur wenige Jahre später, im Jahre 1900, ließ Alexander von Aufseß gegenüber dem damaligen Hauptgebäude das Forsthaus errichten, das 1920 zur herrschaftlichen Wohnung umgebaut wurde.

1902/03 erfolgte der Neubau des Schlosses nach Plänen des Münchener Architekten Johann Rieperdinger, während der Garten durch den Augsburger Gärtner Johannes Schäfer umgestaltet wurde. Damals entstand der schmucke dreigeschossige Walmdachbau mit kleinen Turmaufbauten über den Ecken des obersten Geschosses. Der Kunsthistoriker Dr. Christof Metzger beschreibt die

Architektur des Gebäudes als eine „Mischung aus Nürnberger und Augsburger Architekturzitaten".

1946 wurde in Schloss Elmischwang – nachdem die Familie endgültig in das Forsthaus umgezogen war – das „Freiherrlich Aufseß'sche Altenheim" eingerichtet. 1970 begannen die sich über einen langen Zeitraum erstreckenden Maßnahmen einer Gesamtrenovierung. 1999/2000 konnten diese mit der Einweihung des Erweiterungsbaus des Altersheims abgeschlossen werden. 2002 konnte das 100-jährige Bestehen des Schlosses im Rahmen einer Festwoche begangen werden.

HINWEIS

Das Schloss ist in Privatbesitz und kann nicht besichtigt werden.

Literatur:

Dehio, Georg, Handbuch der deutschen Kunstdenkmäler Bayern III: Schwaben, bearb. von Bruno Bushart und Georg Paula, München, Berlin 1989

Karg, Franz, „Dem Fuggerischen namen erkauft". Bemerkungen zum Besitz der Fugger, in: Karg, Franz, Bobingen und die Fugger, in: Walter Pötzl und Wolfgang Wüst, Hrsg., Bobingen und seine Geschichte, Augsburg 1994, S. 183–193

Kohlberger, Alexandra, Schlösser des 17. und 18. Jahrhunderts, in: Walter Pötzl (Hrsg.), Herrschaft und Politik vom frühen Mittelalter bis zur Gebietsreform. Der Landkreis Augsburg Bd. 3, Augsburg 2003

Kommer, Björn R., Das Schaezler-Palais in Augsburg, München, Berlin, 2003

Metzger, Christof mit Ulrich Heiß und Anette Kranz, Landsitze Augsburger Patrizier, München, Berlin 2005

Meyer, Werner, Burgen und Schlösser in Bayerisch Schwaben, Frankfurt am Main 1979

Pötzl, Walter (Hrsg.), Herrschaft und Politik vom frühen Mittelalter bis zur Gebietsreform. Der Landkreis Augsburg Bd. 3, Augsburg 2003

Trauchburg, Gabriele von, Häuser und Gärten Augsburger Patrizier, München, Berlin 2001

Als „Wittelsbacher Land“ ist der Landkreis Aichach-Friedberg heute zu einem kulturtouristischen Markenzeichen geworden. Und das nicht nur, seitdem das „Sisi-Schloss“ in Unterwittelsbach durch seine Ausstellungen Besucher von weither anzieht und die „Sisi-Straße“ auf über 1400 Kilometern das Wittelsbacher Land mit Österreich, Italien und Ungarn verbindet. Von Augsburg über Bad Ischl und Wien nach Ungarn: Herend, Budapest, Gödöllö und Domonyvölgy. Und da sich neuerdings auch Italien angeschlossen hat, bietet sich dem Sisi-Fan auch eine italienische Route an: über das südösterreichische Trauttmansdorff nach Triest.

Die Bezeichnung „Wittelsbacher Land“ kommt nicht von ungefähr, stand hier doch einst die Wiege der Wittelsbacher, die jahrhundertelang die Geschichte Bayerns geprägt haben. An die Stammburg der späteren Herzöge von Bayern in Oberwittelsbach erinnert freilich nur noch das monumentale Wittelsbacher Denkmal von 1832/34, das in der Nähe einer aus dem 14. Jahrhundert stammenden Kirche steht. Am 25. August 1834, am Geburts- und Namenstag König Ludwigs I. von Bayern, wurde dieses im neugotischen Stil errichtete „Nationaldenkmal“ enthüllt und der Öffentlichkeit übergeben.

Diese Burg bildete im 12. Jahrhundert den Mittelpunkt der pfalzgräflich-wittelsbachischen Grafschaft. Allerdings war dieser Burganlage keine lange Geschichte beschieden. 1208 wurde nämlich Pfalzgraf Otto geächtet und seine Burg 1209 durch Herzog Ludwig I. geschleift, weil durch seine Hand der Stauferkönig Philipp von Schwaben gefallen war. Als „Bamberger Königsmord“ ist dieser Vorfall in die Geschichte eingegangen.

Wer aber waren die Wittelsbacher? Die Familie der Wittelsbacher ging aus dem Geschlecht der bayerischen Grafen von Scheyern hervor. Die Nachkommen des 1079 genannten Grafen Otto I. von Scheyern nannten sich seit Otto IV. nach der Burg Wittelsbach bei Aichach. Als Parteigänger der Staufer wurde den Wittelsbachern 1180 die bayerische Herzogswürde verliehen. Unter Napoleon erlangten sie 1806 die Königswürde. König Ludwig III. legte mit dem Ende der Monarchie 1918 die bayerische Königskrone des Hauses Wittelsbach nieder. Neben der königlichen Linie besteht seit 1799 die herzogliche Linie. Ihr entstammt die berühmte „Sisi“, die spätere Kaiserin Elisabeth von Österreich, deren Lebensgeschichte ja bekanntlich Literatur und Musik bis auf den heutigen Tag beschäftigt.

Aus der Vielzahl von Schlössern, Landsitzen und gut erhaltenen Ruinen können in diesem Führer nur einige wenige ausführlich in Wort und Bild dargestellt werden. Eine ganze Reihe weiterer Ansitze wird aus dem genannten Grund auch nur kurz erwähnt. Südlich von Friedberg beispielsweise sind in den Orten Kissing, Mering und Schmiechen zumindest noch teilweise erhaltene Schlösser zu finden, die ebenfalls lohnenswerte Ausflugsziele darstellen. In Mering wurde das einstige Wasserschloss im 19. Jahrhundert umgebaut und eine Brauerei eingerichtet, außerdem findet sich dort das auf einer Paarinsel gelegene Schloss Boutteville. In Kissing wurde das mehrmals veränderte Schloss aus dem 16. Jahrhundert seit 1808 zu einem Gasthaus; seit mehreren Jahren ist es an ein Architekturbüro vermietet. In Schmiechen wurde die ursprünglich mit einer Mauer und einem Wassergraben umgebene Anlage von den Fuggern im 16. Jahrhundert neu errichtet, im 19. Jahrhundert aber bis auf ein viergeschossiges Gebäude abgebrochen. Sehenswerte Landsitze befinden sich auch in Pichl mit einem schön gelegenen Wasserschloss, in Baar, wo das Schloss in einem Dornröschenschlaf zu liegen scheint, in Rapperzell, Schorn und Mergenthau. In Haslangkreit findet der Besucher eine nach Süden hin offene Dreiflügelanlage vor. Das einst aus vier Flügeln bestehende Schloss war um 1675/80 aus älteren Teilen neu erbaut worden. Schloss Hofhegnenberg war Sitz staufischer Reichsministerialen und kam um 1420 an Herzog Wilhelm III. von Bayern-München. Heute ist es im Besitz der Freiherren von Gebsattel.

55 Schloss Unterwittelsbach
56 Schloss Blumenthal
57 Schloss Friedberg
58 Schloss Kühbach
59 Schloss Affing
60 Schloss Scherneck
61 Schloss Pöttmes
AUGSBURG
Friedberg
Aichach
Pöttmes
Schrobenhausen
Meitingen
Gersthofen
Neusäß
Stadtbergen
Königsbrunn
Mering
Kissing
Rain
Kühbach
Gachenbach
Dasing
Adelzhausen
Odelzhausen
Altomünster
Erdweg
Maisach
Fürstenfeldbruck
Affing
Aindling
Inchenhofen
Thierhaupten
Baar (Schwaben)
Sielenbach
Obergriesbach
Regionalflughafen Augsburg
Ebenrieder Forst
Königsmoos
Donaumoos
Lech
Wertach
Paar

Kaiserin Elisabeth von Österreich, 1837–1898

Das „Sisi-Schloss", ein idyllisch gelegenes Wasserschloss am Rand des Dorfes Unterwittelsbach, zieht Jahr für Jahr von Juli bis November zahlreiche Besucher in die mit viel Akribie erarbeiteten Sonderausstellungen zum Leben der Kaiserin Elisabeth von Österreich (Bild links), genannt „Sisi". Zusammen mit dem wittelsbacher Herzogschloss in Friedberg zählt es zu den wichtigsten Sehenswürdigkeiten des Landkreises.

Das im Kern mittelalterliche, mehrfach umgebaute Schloss gehörte im 15. Jahrhundert Wolfgang von Sandizell, von 1533 bis 1777 dem Augsburger Reichsstift St. Ulrich und Afra. Bald darauf kam das Schloss in bayerischen Besitz.

Unter Kurfürst Karl Theodor wurde es 1779 landesfürstliches Staatsgut und kam nach 1811 in Privatbesitz. 1838 erwarb es Herzog Max in Bayern, der Vater der späteren Kaiserin Elisabeth von Österreich. Er ließ Umgestaltungen und Erweiterungen vornehmen. Bis 1850 war es der bevorzugte Sommersitz des leutseligen und Zither spielenden Herzogs, der ja im Jahr 1837, also im Jahr der Geburt seiner Tochter Elisabeth, das nahe ge-

legene Kühbach erworben hatte. Schloss Unterwittelsbach blieb bis 1955 im Besitz der Wittelsbacher. 1977 wurde hier ein Jugendheim eingerichtet. Heute gehört das Schloss dem Landkreis Aichach-Friedberg, der mit den genannten Ausstellungen neues Leben in das Schloss gebracht hat.

Sehenswert ist auch die 1839 bis 1841 unter der Leitung des Kabinettmalers Heinrich von Mayr in neugotischen Formen errichtete Schlosskapelle in unmittelbarer Nähe zum Schloss. Herzog Max hatte sie nach einer Orientreise in Auftrag gegeben. Über dem Eingang befindet sich ein filigran gearbeiteter Dachreiter. Die Kapelle ist St. Ulrich, Afra und der Jungfrau Maria geweiht und beinhaltete einst die von Herzog Max aus Palästina mitgebrachten Reliquien.

HINWEIS

Schloss Unterwittelsbach, Sonderausstellungen zum Leben der Kaiserin Elisabeth von Österreich, genannt „Sisi“ (1837–1898). Infos unter
Tel. 08251/9020 oder 08251/891869

Oberwittelsbach: Kirche auf dem Gelände der ehemaligen Burg der Wittelsbacher

Das ehemalige Deutschordensschloss in Blumenthal ist eine malerisch an der Ecknach gelegene, aus mehreren Gebäuden unterschiedlicher Zeit bestehende Anlage. Sie umschließt einen unregelmäßigen, quadratischen Hof. Bis 1805 war hier der Sitz eines Komturs, also eines hohen Verwaltungsbeamten eines Ritterordens, im vorliegenden Fall des Deutschen Ordens, nachdem 1384 die Deutschordenskommende von Aichach nach Blumenthal verlegt worden war. Nach der Aufhebung des Ordens zu Beginn des 19. Jahrhunderts wurde 1806 das Schloss den Fuggern zugesprochen. Seit 1872 gehört es zur Fugger'schen Stiftungsadministration, bestehend aus einem Brauereigebäude, der Liebfrauenkapelle und dem 1952 hier eingerichteten Altersheim.

Von dem einst vierflügeligen Wasserschloss ist nur noch der Südflügel aus der 2. Hälfte des 16. Jahrhunderts erhalten. Die ehemalige Schlosskapelle, die 1720 der Komtur Johann Franz von Weichs umgestalten ließ, ist heute die sehenswerte katholische Kirche St. Maria. Die Wappentafel des Komturs befindet sich am Eingang zur Kirche. Westlich davon schließt sich das zweigeschossige ehemalige Priesterhaus an.

Das heutige Schloss in der Südwestecke wurde in den Jahren 1861/62 errichtet und ab 1949 um das zweite Stockwerk mit Walmdach erhöht. Tortürme befinden sich im Osten und im Westen: Sie sind in ihrem quadratischen Unterbau in die zweite Hälfte des 16. Jahrhunderts zu datieren, die Spitzhelme stammen wohl aus dem 19. Jahrhundert. An der Nordseite des Hofes kommt der Besucher zum ehemaligen Brauhaus aus dem Jahre 1709 mit seinen pilastergerahmten Portalen.

HINWEIS

Ständige Kunstausstellungen im „blauen Haus" und im kleinen Turmhaus,
Informationen unter Tel. 0 82 51/69 70.
Gaststätte und Biergarten,
Tel. 0 82 51/88 94 42

Schloss Friedberg

Im Jahre 1257 ließ Herzog Ludwig II. von Bayern – Beiname „der Strenge" – auf einer Bergkuppe eine Höhenburg, die „Burg Fridberg", errichten, die 1409 durch Herzog Ludwig den Gebarteten ausgebaut wurde. Im 16. Jahrhundert diente das Schloss den bayerischen Herzögen als Residenz. Ab 1567 war Schloss Friedberg Witwensitz der Herzogin Christina von Lothringen.

Durch einen Brand 1541 zerstört, erfolgte bis 1559 ein weitgehender Neubau mit einer Erweiterung um den Westflügel. Im Osten der Vierflügelanlage steht der quadratische Torturm mit Vorwerk und Zeltdach, der 1552 wohl unter Verwendung von Teilen des mittelalterlichen Bergfrieds vollendet wurde.

Wie so viele andere Burgen und Schlösser erlitt auch das Schloss in Friedberg starke Schäden im 30-jährigen Krieg. Die Wiederherstellung erfolgte in den Jahren 1652 bis 1656. Hundert Jahre später wurde hier eine Fayencemanufaktur eingerichtet, die aber nur kurze Zeit – von 1754 bis 1768 – bestehen sollte. Nur wenige Jahre später wurde das

Schloss ab 1789 Sitz der Forstverwaltung. Heute sind in der mehrgeschossigen Vierflügelanlage das Vermessungsamt und – seit dem Jahr 1886 – das sehenswerte Heimatmuseum untergebracht. Ab 1977 erfolgten umfangreiche Restaurierungs- und Umbauarbeiten.

Besonders beeindruckend sind der Innenhof und das Gewölbe des zweischiffigen so genannten Rittersaales, der einst wohl als Dürnitz genutzt wurde. Vom Schlossturm aus hat man einen guten Ausblick in das Umland.

HINWEIS

Heimatmuseum im Schloss, Schlossstraße 21, 86316 Friedberg. Öffnungszeiten: Die. bis Fr. 14–18 Uhr, Sa., So. und Feiertag 11–17 Uhr. Auskunft unter Tel. 0821/605651. Die Hauptbestände umfassen die ländliche und bürgerliche Kultur Friedbergs und Umgebung; Spezialsammlung von Uhren und Fayencen.
Infos unter: www.museum-friedberg.de
E-Mail: museum@friedberg.de

Das heutige Schlossgut ist aus den ehemaligen Konventgebäuden des einstigen Benediktinerinnenklosters hervorgegangen, das Graf Adalbero von Sempt-Ebersberg 1011 gegründet hatte und das nach dem Aussterben dieses Geschlechtes schon im 12. Jahrhundert an die Wittelsbacher gekommen war.

Nach den Zerstörungen im 30-jährigen Krieg wurden die Klostergebäude wohl zum Teil wieder aufgebaut, jedoch im Laufe der Zeit dann auch mehrmals verändert. 1803 wurde das Kloster säkularisiert, nachdem es in den Kriegen des 17. und 18. Jahrhunderts große Schäden erlitten hatte. Das einstige Kloster kam 1837 in den Besitz von Herzog

Max in Bayern, dem Vater von „Sisi“, der ja auch im nahe gelegenen Unterwittelsbach seine Spuren hinterlassen hat.

Das in den Jahren 1690 bis 1696 erbaute heutige Schlossgut wurde nach einem Brand 1860 in klassizistischen Formen erneuert. Seit 1862 ist die stattliche Anlage im Besitz der Freiherren von Beck-Peccoz, die das Anwesen zu einem ansehnlichen und großen Gutsbetrieb ausbauen ließen. Es handelt sich hierbei um eine zweigeschossige, nach Süden hin offene Dreiflügelanlage im Westen der Kirche. Im Westflügel befindet sich der Torturm aus dem Jahre 1696.

HINWEIS

Das Schloss ist in Privatbesitz und kann nicht besichtigt werden.

Schloss Affing, ein ehemaliges Wasserschloss, ist heute ein stattliches, dreigeschossiges Gebäude mit einem Zeltdach und einem Dachreiter. 1462 und im 30-jährigen Krieg zerstört, wurde es stets wieder aufgebaut. Der 1694 neu errichtete Bau wurde nach einem Brand im Jahre 1928 durch Oswald Bieber in seinen ursprünglichen Formen wieder hergestellt.

Das Schloss liegt am Rand einer weitläufigen Parklandschaft. Der ummauerte, herrliche Schlosspark mit einem um 1830 erbauten Orangeriegebäude stammt in seinen wesentlichen Teilen aus dem 19. Jahrhundert. In einigen Teilen ist er im 20. Jahrhundert erneuert worden.

1040 werden die Herren von Affing erstmals erwähnt. Seit dem 14. Jahrhundert kann Affing als Hofmark nachgewiesen werden. Zur Erklärung: Unter einer Hofmark ist der zu einem Rittergut gehörende Bezirk zu verstehen, in dem der Gutsbesitzer die niedere Gerichtsbarkeit ausübte. Die Hofmark Affing wechselte häufig die Besitzer: 1682 waren es die Freiherren und späteren Grafen von Leyden und ab 1816 die Freiherren von Gravenreuth, in deren Besitz das Schloss heute noch ist. Die katholische Friedhofskapelle ist die Gruftkapelle der Freiherren von Gravenreuth, die 1833 nach Plänen von Johann Michael Voit errichtet worden ist.

Im Gutshof vor dem Schloss wird alljährlich im Dezember ein Weihnachtsmarkt abgehalten, der in einer Aktion der Löwenbräu AG & CO als „Bayerns schönster Christkindlesmarkt" prämiert worden ist.

HINWEIS

Das Schloss ist in Privatbesitz und kann nicht besichtigt werden.
Im Dezember idyllischer Weihnachtsmarkt im Gutshof. Kontakt:
E-Mail: info@weihnachtsmarkt-affing.de

Burg Scherneck wurde im 13. Jahrhundert wohl auf dem Gelände einer Vorgängeranlage von den Herren von Rehling errichtet. Durch Kauf kam sie 1322 an Heinrich von Gumppenberg und verblieb bis 1503 bei dieser Familie. Nach mehrfachem Besitzerwechsel erwarben schließlich im Jahre 1696 die Freiherren von Mayer das Schloss. 1823 veräußerten sie es an Freiherrn von Schaezler.

Die in den Jahren 1388 zerstörte und um 1415 wieder hergestellte Burg wurde in den folgenden Jahrhunderten mehrfach umgebaut. Die heute bestehende, um einen Rechteckhof gebaute Dreiflügelanlage stammt in

ihren wesentlichen Teilen aus dem 19. Jahrhundert. Im Westen befindet sich das 1844/45 umgebaute zweigeschossige Wohngebäude mit seinen geschweiften Giebeln und einem sehenswerten gusseisernen Balkon. An der Nordseite stehen die einstigen Ökonomiegebäude. Während der westliche

Torturm im Kern aus der Zeit um 1700 stammt, ist das ehemalige Amtshaus am südlichen Ende des Ostflügels in das beginnende 18. Jahrhundert zu datieren. In unmittelbarer Nachbarschaft steht die ab 1702 errichtete, St. Matthias und Georg geweihte katholische Kirche.

Der Handelsherr und Bankier Johann Lorenz Freiherr von Schaezler erwarb Schloss Scherneck 1823 als Altersruhesitz. Seither ist das Schloss in der sechsten Generation im Besitz dieser Familie, die es zunehmend als Gutsbetrieb ausbaute. Heute bilden Land- und Forstwirtschaft sowie eine Brauerei die Standbeine des Betriebes. Im Übrigen ist das Schloss ein beliebtes und weithin bekanntes Ausflugsziel.

HINWEIS

Schloss Scherneck, Scherneck Nr. 1,
86508 Rehling, Tel. 0 82 37/2 55,
E-Mail: info@schloss-scherneck.de
Infos unter: www.schloss-scherneck.de

Der Ort Pöttmes wurde im Jahre 820 erstmals urkundlich erwähnt. 1279/80 kam er in den Besitz der Freiherren von Gumppenberg. Ursprünglich im Besitz der Grafen von Lechsgemünd-Graisbach, an die heute noch die sehenswerte Ruine der einst stattlichen Burg Graisbach bei Lechsgemünd erinnert, verkaufte Graf Bertold im Jahre 1280 die Vogtei über das Dorf „Bettmos" an Hiltprant von Gumppenberg. 1310 erlangten die neuen Ortsherren die hohe Gerichtsbarkeit und 1324 das Marktrecht. Mit anderen Worten: Seit über 700 Jahren ist der Ort Pöttmes mit der Familie der Freiherren von Gumppenberg verbunden, deren im Spanischen Erbfolgekrieg 1704 zerstörter Stammsitz auf dem „Gumppenberg" nordwestlich des Ortes im Jahre 1753 abgebrochen wurde.

Das heutige Schloss geht auf das 17. Jahrhundert zurück. Die das Stadtbild prägende zweigeschossige Dreiflügelanlage bildet die

Chorraum der katholischen Pfarrkirche St. Peter und Paul in Pöttmes

Kath. Kirche St. Johannes, rechts das Schloss

Löwe mit dem Wappen der Freiherren von Gumppenberg

Südseite des langgezogenen Marktplatzes. Über der östlichen Toreinfahrt des Schlosses findet sich hofseitig die Datierung „1683“ unter dem Wappenstein Gumppenberg. Mehrere Räume sind mit schönen Stuckaturen aus der Zeit Ende 17. Jahrhundert ausgestattet. Am Kirchplatz befindet sich die 1847 erbaute Familiengruft derer von Gumppenberg.

Literatur:

Dehio, Georg, Handbuch der deutschen Kunstdenkmäler Bayern III: Schwaben, bearb. von B. Bushart und G. Paula, München, Berlin 1989

Wißner, Bernd, Kulturschätze im Wittelsbacher Land, Augsburg 2005. Das Buch enthält eine Broschüre mit praktischen Tipps von A–Z.

HINWEIS

Das Schloss ist in Privatbesitz und kann nicht besichtigt werden.

Der Landkreis Unterallgäu ist mehr als die Heimat von Pfarrer Kneipp, auch wenn auf der Homepage des Landkreises zuerst einmal mit dem Namen dieser berühmten Persönlichkeit für die Region geworben wird. Schnell wird aber deutlich, dass es sich hier um eine außergewöhnliche Kulturlandschaft mit zahlreichen Museen, sehenswerten Kirchen, kulturell bedeutenden Städten und einer Reihe wohl erhaltener Schlösser handelt.

Ein Blick auf das Wappen des Landkreises Unterallgäu zeigt die Herrschaftsträger dieser Region in historischer Zeit. Über der bayerischen Raute sind hier nämlich die goldene Rosette der Reichsabtei Ottobeuren und die blaue Lilie des Hauses Fugger zu erkennen. Aber nicht nur diese beiden Herrschaftsträger, die im Übrigen heute noch wichtige Kulturträger des Landkreises sind, prägten das Leben dieser Region bis zum Ende des Alten Reiches 1806. Denn ein Blick auf die historische Landkarte der Zeit um 1800 zeigt eine Reihe weiterer geistlicher und weltlicher Herrschaftsträger: das Hochstift Augsburg, das Fürststift Kempten und die Reichsstifte Ochsenhausen, Rot, Roggenburg und Irsee beispielsweise, um nur einige zu nennen. Neben den Fuggern als den bedeutendsten weltlichen Herrschaftsträgern sind auch die Freiherren von Reichlin-Meldegg, die Freiherren von Westernach und die Reichsgrafen von Waldburg-Wurzach als Herrschaftsträger zu erwähnen.

Heute sind neben so bekannten Städten wie Bad Wörishofen, Mindelheim und Memmingen oder der weithin bekannten Kartause Buxheim die Basilika der Benediktinerabtei Ottobeuren und die Fuggerschlösser Babenhausen und Kirchheim weit über Bayern hinaus ein Begriff.

Neben den imposanten und architekturgeschichtlich bedeutenden Baukörpern der Kloster- und Wallfahrtskirchen und der Schlösser stoßen mit Sicherheit auch die kulturellen Angebote an hochkarätigen Konzerten beim Publikum auf breite Resonanz. Schnell wird hier also deutlich: diese Landschaft lädt zu einer Burgen- und Schlössertour geradezu ein, stehen an Wertach, Mindel, Kammel, Günz und Iller doch einige der für diese Region so charakteristischen großen Adelssitze. Zu erinnern ist aber auch an die kleinen Ansitze im Umfeld von Memmingen wie in Eisenburg, Grünenfurt, Künersberg (Fayancemanufaktur), Memmingerberg oder Trunkelsberg, um nur ein paar Beispiele zu nennen. Zu erinnern ist darüber hinaus auch an viele zum Teil noch sehr gut erhaltene Ruinen, an so manchen Burgstall und an die zahlreichen zwischenzeitlich abgegangenen Burganlagen.

Neben den Fuggern gab es in historischer Zeit – wie oben angedeutet – noch eine ganze Reihe weiterer weltlicher Herrschaftsträger, doch sind es gerade die Fuggerschlösser, die viele Besucher anlocken. Gehören den Fuggern heute noch die Schlösser Kirchheim und Babenhausen, so stehen an anderen Orten wie in Boos, in Grönenbach oder in Mattsies weitere Herrschaftssitze, die den Fuggern zumindest vorübergehend gehörten. Daneben hatten freilich auch andere Herrschaftsträger – beispielsweise die Grafen von Pappenheim, die Bischöfe von Augsburg oder die Freiherren von Vequel-Westernach – umfangreichen Grundbesitz. Als Grundbesitzer und Herrschaftsträger traten aber auch die begüterten bürgerlichen Familien wie z. B. die Besserer und Vöhlin aus Memmingen auf.

Manches Gut ist bis auf den heutigen Tag noch in den Händen der Familien, die seit Jahrhunderten hier ansässig sind. Dazu zählt auch die Kronburg in unmittelbarer Nähe zu dem ebenfalls weit über die Region hinaus bekannten Bauernhofmuseum in Illerbeuren. Die schon von weitem sichtbare Kronburg ist inzwischen zum touristischen Aushängeschild der Region geworden. Nicht zu Unrecht wird die in ihrer heutigen Form renaissancezeitliche Burganlage als eine „Perle des Allgäus“ bezeichnet. Und wo wird man in dieser Region sonst noch vom Burgherren selbst durch die Wohnräume seines Schlosses geführt wie auf Schloss Kronburg?

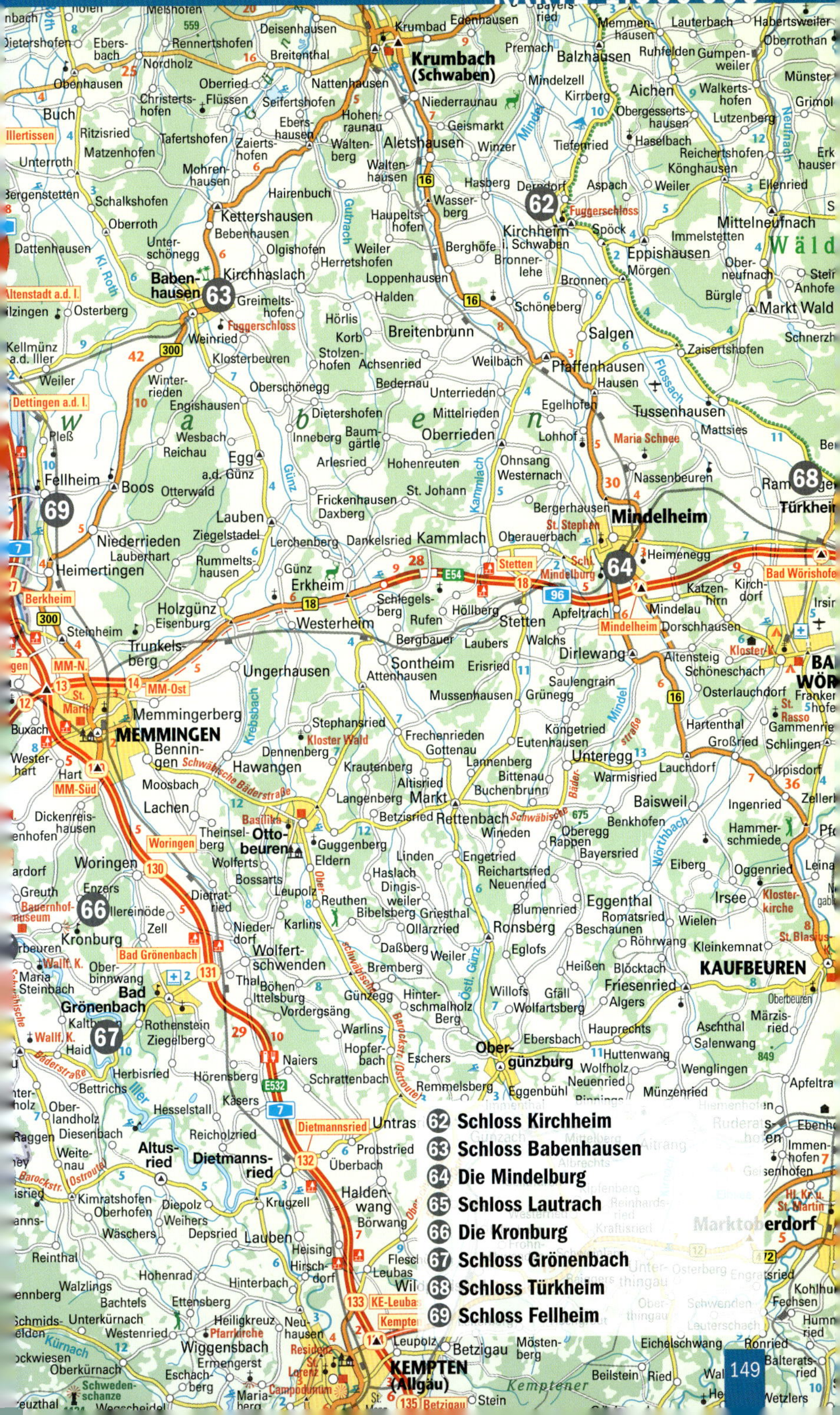
62 Schloss Kirchheim
63 Schloss Babenhausen
64 Die Mindelburg
65 Schloss Lautrach
66 Die Kronburg
67 Schloss Grönenbach
68 Schloss Türkheim
69 Schloss Fellheim
Krumbach (Schwaben)
Babenhausen
Mindelheim
MEMMINGEN
KAUFBEUREN
KEMPTEN (Allgäu)
Ottobeuren
Bad Grönenbach
Obergünzburg
Dietmannsried
Marktoberdorf
Türkheim
Bad Wörishofen

Schloss Kirchheim

SCHLOSS KIRCHHEIM

Ein Superlativ vorneweg: Schloss Kirchheim gilt als der „Schwäbische Escorial". Was es damit auf sich hat, wird schnell deutlich, wenn man sich die Innenausstattung des Schlosses ansieht. Doch zuerst zur Besitzgeschichte dieses prächtigen Renaissanceschlosses.

Auf dem Höhenzug oberhalb der Mindel hatten bis ins 15. Jahrhundert die Ritter von Schellenberg ihren befestigten Ansitz. Als Lehen des Hochstifts Augsburg kam die Herrschaft Kirchheim 1484 dann in den Besitz der Familie von Hürnheim. 1490 wurde der Ort von Kaiser Friedrich III. zum Markt erhoben, 1544 verlieh Kaiser Karl V. Kirchheim Wappen und Siegel.

Hans Walter von Hürnheim, fuggerischer Pfleger auf Schloss Kirchberg oberhalb der Iller, war Hauptmann des Schwäbischen Bundes und zählte neben Georg von Frundsberg zu den angesehensten Landsknechtsführern seiner Zeit. Zu seinem Besitz gehörte nicht nur die Burg Kirchheim ob der Mindel, sondern auch der Ort Eppishausen und darüber hinaus auch Liegenschaften im heutigen Württemberg an der Jagst und am Neckar. Bereits 1551 veräußerte Walter von Hürnheim alle seine Besitzungen, darunter auch die Herrschaft Kirchheim, an den Augsburger Kaufmann Anton Fugger. Aber erst dessen Nachfolger Hans Fugger sollte ab 1578 den Bau eines neuen, größeren Schlosses in Angriff nehmen. 1582 konnte das Bauwerk außen und 1595 innen vollendet werden. Baumeister war der in Diensten des Fürstbischofs von Würzburg und der Reichsstadt Augsburg stehende Jakob Eschay. Gleichzeitig erfolgte, ebenfalls durch Jakob Eschay, in den Jahren 1580 bis 1583 der Bau von Schloss- und Pfarrkirche.

Schloss Kirchheim ist heute weithin berühmt wegen seines Zedernsaales mit der einzigartigen Kassettendecke. Die aus Zedern, Eiche, Linde, Nuss und anderen wertvollen Hölzern gefertigten Vertäfelungen und Decken schuf der Kistler Wendel Dietrich, der hier in einer Ausdehnung von 375 Quadratmetern ein unvergleichliches Kunstwerk geschaffen hat. 1585 vollendete er den Einbau der Decke und der großen Portale.

Für die Wandnischen des Saales gestalteten der Holländer Hubert Gerhard und der

Italiener Carlo Pallago in den Jahren 1582 bis 1585 überlebensgroße Terrakottafiguren, Heilige und Helden, Männer und Frauen der antiken, mittelalterlichen und zeitgenössischen Geschichte. Hubert Gerhard erhielt auch den Auftrag, das Grabmal seines Auftraggebers zu entwerfen: Alexander Collin hat diesen Entwurf dann ausgestaltet. In der Schlosskirche fand der 1598 in Augsburg verstorbene Hans Fugger seine letzte Ruhestätte.

HINWEIS

Öffnungszeiten des Zedernsaales täglich von 9–12 Uhr und von 14–18 Uhr. Infos und Anmeldung für Gruppen unter Tel. 0 82 66/86 00-20

Hans Fugger und seine Gemahlin Elisabeth von Nothafft-Weißenstein

Beginnen wir mit einem Blick auf den Ort Babenhausen. 1315 ist von der „Stadt" die Rede, ab 1471 als „Markt" bezeichnet. Sie war damals im Besitz der Pfalzgrafen von Tübingen mit Sitz in Kellmünz/Iller, die den Ort – ebenso wie ihre Nachfolger, die Grafen und Herzöge von Württemberg, – als Lehen vergaben. Als Lehensleute werden bis in das 16. Jahrhundert hinein die Adelsgeschlechter der Schönegg, Rothenstein, Mindelberg und Rechberg genannt. 1538 erhielt Anton Fugger von Herzog Ulrich von Württemberg die Lehensherrschaft über Babenhausen und bald darauf (1539) von den Rittern von Rechberg die Herrschaft selbst.

Anton Fugger machte sich bald an die Erneuerung des 1237 erstmals genannten Schlosses. 1541 ließ er den ältesten Teil, das sog. Rechbergschloss, von Grund auf erneuern. Wahrscheinlich entstand unter der Leitung des Baumeisters Quirin Knoll aus Augsburg im Anschluss an diese Bauarbeiten nördlich des Rechbergschlosses das Neue Schloss mit zwei Quertrakten und einem Wirtschaftsgebäude. Aus der Erbauungszeit ist im Erdgeschoss des Neuen Schlosses eine vierschiffige Renaissancehalle mit ihren neun freistehenden Säulen erhalten. Renaissancezeitlich ist auch der lange Flügel (sog. Kanzleibau) mit Wirtschaftsgebäuden und Brauerei, der im Osten mit dem Zehentstadel und einem Turm abschloss.

Zwischen 1737 und 1747 ließ Graf Franz Karl einen Umbau des Inneren vornehmen und seine Witwe Maria Josepha Antonia Reich von Reichenstein beauftragte um 1760 Johann Michael Fischer, den alten Rechbergbau innen umzugestalten. In der 1. Hälfte des 19. Jahrhunderts entstanden im Osten der Anlage Ökonomiegebäude mit neugotischen Anklängen (um 1845). Um die gleiche Zeit ließ Fürst Leopold die Renaissancegiebel im Sinne der Neugotik mit Treppengiebeln versehen. Auf Fürst Leopold (1827–1885) geht

die Gründung eines Fuggermuseums im Jahre 1885 zurück. Sein Bruder Fürst Karl (1829–1909) ließ kurz vor seinem Tode die Sammlungen im Augsburger Fuggerhaus neu aufstellen und der Öffentlichkeit zugänglich machen. Nachdem im Zweiten Weltkrieg der größte Teil der umfangreichen Sammlungen nach Schloss Babenhausen gekommen war, konnte 1955 das Museum im alten Rechbergschloss wieder eröffnet werden. Die heutige Präsentation geht auf das Jahr 1981 zurück. Informativ und anschaulich wird seitdem in 12 Schauräumen der Besucher über die Geschichte und die Geschicke einer Handelsfamilie informiert, die auf Grund ihrer Stellung in Wirtschaft und Politik die Kultur und Wirtschaftsgeschichte einer ganzen Epoche geprägt hat.

HINWEIS

Öffnungszeiten Fuggermuseum: 1. April–20. Nov. täglich außer Montag 10–12 und 14–17 Uhr, So. 10–12 und 13–18 Uhr. Tel. 08333/920927 und 2931

In dominierender Lage südwestlich der Stadt auf einer nach drei Seiten abfallenden Hochfläche liegt die durch einen Graben geteilte Mindelburg. Der sog. Hirschgraben trennt die Vorburg vom trapezförmigen Plateau der Hauptburg. Beide Teile jedoch sind von einer Ringmauer aus der Frundsbergzeit mit Rondellen und Türmen umgeben. Wer Mindelheim besucht, sollte neben den zahlreichen Museen der Stadt auch die Burg umwandern und den Ausblick auf die Stadt genießen. Vor allem von dem begehbaren Bergfried aus ist eine gute Aussicht möglich.

Auch wenn die Ursprünge der Burg ungeklärt sind, so ist doch davon auszugehen, dass sich an der Stelle der heutigen Burg schon in staufischer Zeit ein Herrschaftssitz befunden hat. Wurde die Anlage 1324 zerstört, so ist sie in der Zeit der Herrschaft Herzog Friedrichs I. von Teck zwischen 1370 und 1389 wieder aufgebaut worden. Entgegen späterer Überlieferung (Sebastian Münster und andere Chronisten) hat Friedrich von Teck wohl nur die Burgmauern stärker befestigt und die Mindelburg aus hohenbergischem Lehensbesitz in Eigenbesitz übergeführt.

Das heutige Aussehen der Burg geht auf die rege Bautätigkeit der Ritter von Frundsberg im 15. und 16. Jahrhundert zurück. Wohl aus dieser Zeit stammen das Benefiziatenhaus, die Futtermauern des Hirschgrabens und der Hirschgrabenbrücke, die Ringmauer um Haupt- und Vorburg und das Äußere Tor an der Barbakane. Erhebliche Einschnitte brachte jedoch der Streit im Jahre 1586 um das Erbe des letzten männlichen Vertreters der Frundsberg, des kinderlos gebliebenen Georg II. von Frundsberg, zwischen den Maxlrain und den Fuggern. Die im Dreißigjährigen

Krieg entstandenen Schäden konnten nach 1650 wohl zumindest teilweise wieder behoben werden. Mit der Nutzung der Gebäude als Getreidespeicher ging der langsame Verfall der gesamten Anlage einher.

1878 erwarb die Burg der Münchener Architekt Ludwig Schramm, der in den folgenden Jahren nicht nur Umbauarbeiten vornehmen, sondern auch Teile der Anlage abbrechen ließ. 1927 erwarb die Stadt von Dr. Bergmann, dem letzten privaten Burgbesitzer, die Anlage und richtete hier – vorübergehend – das Heimatmuseum ein, das sich heute im ehemaligen Franziskanerinnenkloster Heilig Kreuz befindet. Nach umfassender Renovierung zog in den 1950er Jahren eine Verlagsgruppe in die Burganlage ein. Erneute Renovierungen durch die Stadt fanden in den 1970er bis 1990er Jahren statt.

HINWEIS

Die Anlage ist ganzjährig begehbar, möglich sind ein Spaziergang in der Burganlage und die Besteigung des Bergfrieds, der einen schönen Blick auf Mindelheim ermöglicht.

SCHLOSS LAUTRACH

Schloss Lautrach entstand 1781 nach dreijähriger Bauzeit im Auftrag des Kemptener Fürstabts Honorius Roth von Schreckenstein. Es handelte sich dabei um ein repräsentatives, dreigeschossiges, mit einem Mansarddach versehenes Gebäude, das als Propstei und Jagdschloss genutzt wurde. Südlich dieses Schlosses lag eine mittelalterliche Burg, die nach ihrer Zerstörung im Dreißigjährigen Krieg noch einmal neu aufgebaut wurde. Dieses „Alte Schloss“ diente dem Fürststift Kempten bis zum Brand von 1780 als Amtshaus und Sommersitz.

Mit der Säkularisation 1803 kam Schloss Lautrach an das Kurfürstentum Bayern, das es aber schon 1805 an den französischen Grafen Firmas-Perier veräußerte; 1831 erwarb es dann Freiherr Gustav von Speth. Als der katholische Priester Joseph Deybach 1838 das Schloss kaufte, erfuhr es eine völlig neue Nutzung. Deybach errichtete hier nämlich eine „Erziehungsanstalt für höhere Töchter“, die 1871/72 mit 139 Schülerinnen aus acht Nationen sogar international besetzt war. Die Jahre nach Deybachs Tod waren geprägt von häufigem Besitzerwechsel, bis das Schloss 1922 an den Erfinder und Industriellen Dr. Hermann Anschütz-Kaempfe veräußert wurde. Sein Anliegen war es, Schloss Lautrach zu einer Stätte der Begegnung und des wissenschaftlichen Austausches zu machen. Tatsächlich wurde Schloss Lautrach bald zu einem vielbesuchten Ort für Nobelpreisträger, Wissenschaftler und Künstler, wie Eintragungen im Gästebuch belegen. Der Physiker und Nobelpreisträger Albert Einstein, der Dirigent Hans Knappertsbusch oder der Zoologe Karl von Frisch sind nur einige der bedeutenden Persönlichkeiten, die auf Schloss Lautrach geweilt haben.

Nach dem Tod von Dr. Anschütz-Kaempfe kam das Schloss in den Besitz der Ludwig-Maximilians-Universität München, die es 1966 an die Regens-Wagner-Stiftung veräußerte. Mit der Gründung des Management Centrums Schloss Lautrach im Jahre 1989 fand schließlich Schloss Lautrach eine neue Bestimmung als Management-Trainingsinstitut mit eigenem Seminarhotel. Das Management Centrum Schloss Lautrach wurde im Oktober 1993 durch den bayerischen Ministerpräsidenten Edmund Stoiber offiziell eröffnet und gehört mittlerweile zu den führen-

HINWEIS

Management Centrum Schloss Lautrach,
Schlossstraße 1, 87763 Lautrach,
Infos unter Tel. 0 83 94/9 10-0,
E-Mail: hotel@mcsl.de; www.mcsl.de

den Seminarhäusern im deutschsprachigen Raum. Wer sich heute dem Schloss nähert, betritt zuerst eine Gartenanlage, die sich als „Architekturgarten“ mit Terrasse, Blumenziergarten, Rosenplatz und Nutzgarten präsentiert. Stammt der südliche Teil der Anlage mit seinen 13 originalen Sandsteinfiguren noch aus der Erbauungszeit des Schlosses, so ließ Dr. Anschütz-Kaempfe das Areal seinerzeit erweitern und umgab es mit einer Mauer.

Im Inneren des Hauptgebäudes befinden sich eine kleine Schlosskapelle sowie ein zweigeschossiger Theatersaal, der mit wertvollen Bildtapeten der bekannten Tapetenmanufaktur Dufour aus Paris ausgestattet ist. Die einzelnen Bahnen der Bildtapeten zeigen eine mythologische Szene: die Reisen des Anthenor. Zwei an das Schlossgebäude angrenzende Kavaliershäuser runden das ansehnliche Ensemble ab.

Schloss Kronburg wird zu Recht als die „Perle des Allgäus“ bezeichnet, ist doch bis heute die renaissancezeitliche Bausubstanz weitgehend erhalten. Zumal eine grundlegende Renovierung in den 1990er Jahren den zukünftigen Erhalt der imposanten Gebäude gesichert hat. Aber werfen wir zuerst einmal einen Blick auf die Geschichte der weithin sichtbaren Anlage.

1227 wird die Kronburg zusammen mit einem Rudolf von Kronburg erstmals urkundlich genannt. Wahrscheinlich handelte es sich dabei um einen staufischen Dienstmann. Die wohl Ende des 12. Jahrhunderts als staufische Ministerialenburg errichtete Kronburg kam nach dem Untergang der Staufer 1273 durch Rudolf von Habsburg an das Reich, das die Burg in der Folgezeit als Pfand ausgab. Erst während der Herrschaft der Herren von Werdenstein erfolgte die Umwandlung der Pfandschaft in ein habsburgisches Lehen. 1478 kam durch Einheirat die Burg, die 1460 als ruinös bezeichnet wurde, in den Besitz der Herren von Rechberg, die in den Jahren 1490 bis 1536 für den Wiederaufbau der Anlage sorgten. Damals entstand die imposante vierflügelige Schlossanlage, die heute noch erhalten ist. 1619 wurde Schloss Kronburg nach mehrfachem Besitzerwechsel Eigentum der Freiherren von Westernach; damals wurde Johann Eustach von Westernach, seit 1625 Hochmeister des Deutschen Ordens, Besitzer der weithin sichtbaren Anlage. Seit 1852 nennt sich die Familie Vequel-Westernach auf Grund einer Namens- und Wappenvereinigung der Familien von Westernach und von Vequel.

In der hervorragend sanierten Vierflügelanlage mit ihren runden Ecktürmen verweisen immer wieder Wappendarstellungen auf die früheren Besitzer. Über der Toreinfahrt des dreigeschossigen Ostflügels ist das Wappen der Herren von Rechberg aus der Zeit um 1590 zu sehen, in der Durchfahrt befinden sich Wandmalereien und wiederum das Rechbergwappen aus der 2. Hälfte des 16. Jahrhunderts. Auch über der Toreinfahrt zum dreigeschossigen Westflügel findet sich das Doppelwappen der Westernach aus der Zeit um 1690. Ein Rundgang durch die Räume des Schlosses verdeutlicht schnell die reichhaltige originale Innenausstattung. Mehrere Räume sind mit bedruckten Leinwandtapeten des ausgehenden 18. Jahrhunderts ausge-

stattet, der Deutschmeistersaal dagegen mit Stuckaturen von Elias Zimmermann, Mang und Simpert Kraemer aus den Jahren um 1693. Die hier angebrachten Deckengemälde aus der Zeit des ausgehenden 17. Jahrhunderts stellen die vier weltlichen Tugenden dar. Geschaffen hat sie der Maler Franz Joseph Hörmann.

Sehenswert sind auch die weiteren Räume des Schlosses. Unter vielen schönen Details einer geschmackvollen Inneneinrichtung sind vor allem die kassettierte Holzdecke im Roten Saal aus der Mitte des 16. Jahrhunderts sowie ein prunkvoller Ofen aus dem Jahr 1699 hervorzuheben. Im westlichen Teil dieses Flügels liegt die Schlosskapelle. Das Treppenhaus an der Nordwestecke des Hofes wurde 1804 unter Verwendung älterer Bauteile errichtet. Außen ist hier das Allianzwappen Rechberg/Werdenstein mit der Jahreszahl 1536 zu sehen. Die gesamte Anlage wird vom viergeschossigen, hohen Nordflügel überragt.

Seit 1986 ist Schloss Kronburg der Öffentlichkeit zugänglich. Zwischenzeitlich hat sich das Schloss mit seinen Schlosskonzerten während der Sommermonate in der Musikwelt einen guten Namen weit über die Region hinaus gemacht. Und im Juni jeden Jahres zieht das Kronburger Gartenfestival ebenso viele Besucher an wie der idyllische Weihnachtsmarkt im November.

HINWEIS

Geöffnet Mai bis Ende Oktober,
Führungen für Gruppen ab 15 Personen jederzeit nach Voranmeldung unter Tel. 0 83 94/2 71. Hierbei auch Informationen über Ferien im sehr geschmackvoll eingerichteten Gästehaus (Bild oben).
Während der Sommermonate Konzerte im Schlosshof und im Deutschmeistersaal.
Weihnachtsmarkt im Schlosshof an zwei Wochenenden Ende November.
Infos unter: www.schloss-kronburg.de

Über die Anfänge des Hohen Schlosses in Bad Grönenbach, das stolz auf einem großen Nagelfluhfelsen über dem Ort thront, liegen keine gesicherten Daten vor. Geht die Anlage auf das 12. Jahrhundert zurück oder ist sie gar noch älter? Oder aber ist der Baubeginn erst in das 14. Jahrhundert zu datieren? Gehen die Meinungen darüber in der Literatur auseinander, so scheint doch sicher zu sein, dass der Kern der heutigen Gebäude die mittelalterliche Burg der Herren von Grönenbach ist, die hier bis 1260 ansässig waren. Sicher ist auch, dass die Burganlage unter den Fuggern (Ottheinrich) um 1628 erweitert und um 1690 der nordöstliche Anbau errichtet worden ist.

Gravierende Umbaumaßnahmen im Jahr 1696 veränderten den Gesamteindruck des Gebäudes erheblich. Damals ließ der Fürstabt von Kempten, Rupert von Bodman, die Anlage südlich erweitern und um zwei Etagen aufstocken. In dieser Zeit wurde der Zugang nach Süden verlegt und auch eine neue Straße, die heutige Pappenheimer Allee, ist damals angelegt worden. Zwischen 1695 und 1700 entstanden die ehemaligen Wirtschaftsgebäude. Wenig später, 1714 bis 1716, wurden auch das Schlossnebengebäude und das Bräuhaus neu errichtet.

Im Jahre 1901 erwarb Pfarrer Dominikus Ringeisen das Schloss. Die Schwestern der Ursberger St.-Josephs-Kongregation sanierten in der Folgezeit die Schlossgebäude und sorgten so für deren Erhalt. Als die Schwestern 1996 Grönenbach verlassen hatten und die meisten von ihnen in das Mutterhaus nach Ursberg zurückgekehrt waren, entschlossen sich der Markt Grönenbach und die Region zum Kauf der Immobilie. Seither wird das „Ringeisenhaus" vor allem als Tagungsstätte genutzt, im Schloss finden Führungen, Konzerte und Ausstellungen statt. Insbesondere die Stuckaturen aus der Zeit um 1710/20 sind von besonderem Interesse.

Vor dem Schloss lädt der Kreislehrgarten Unterallgäu mit einer Vielzahl von Kräutern, Blumen und Stauden zum beschaulichen Ver-

HINWEIS

Kurverwaltung Bad Grönenbach,
Marktplatz 5, 87730 Bad Grönenbach,
Infos unter Tel. 0 83 34/6 05 31,
www.bad-groenenbach.de

weilen ein. Lohnend ist auch ein Spaziergang auf schmalem Weg mit schöner Aussicht rund um die Schlossanlage. Das ehemalige Untere Schloss (Bild unten, links von der Kirche), heute Privatbesitz, wurde 1563 von den Grafen von Pappenheim als Witwensitz errichtet. Eine Steinplatte mit dem Pappenheim-Wappen und der Jahreszahl 1563 über der Türe verweist auf die Entstehung dieses nach 1875 um ein Stockwerk erhöhten Zeltdachbaus.

Wer sich hier auf geschichtliche Spurensuche begibt, wird zuerst einmal auf den Namen der Herrschaft Schwabegg treffen, deren Inhaber bis in das 14. Jahrhundert auf der gleichnamigen Burg westlich von Schwabmünchen saßen. Nach der Zerstörung dieser Burg im Jahre 1371 wurde Türkheim Sitz dieser bis Mitte des 13. Jahrhunderts staufischen, dann – nach dem Untergang der Staufer – bayerischen Herrschaft. In der Folgezeit wurde diese Herrschaft immer wieder als Pfandbesitz ausgegeben. Einer dieser Pfandinhaber war Wolf Dietrich von Knöringen, der zwischen 1531 bis 1535 das sog. Große Schloss errichten ließ. Sein Nachfolger Hans von Rechberg erweiterte diesen Schlossbau in den Jahren um 1543, nachdem kurz zuvor den Herren von Knöringen die Pfandherrschaft entzogen worden war.

Das heute noch erhaltene Schloss in Türkheim reicht also in das 16. Jahrhundert zurück. Aber schon bald nach dem Rückerwerb der Herrschaft durch das kurfürstliche Haus Bayern im Jahre 1666 begann man das Ortsbild des Marktes umzugestalten, um so den Ansprüchen einer adeligen Residenz zu entsprechen. 1682 bis 1686 wurde das Schloss für Herzog Maximilian Philipp (1638–1705) verändert und nur wenige Jahre später, im Jahre 1695, durch den Münchener Hofbaumeister Giovanni Antonio Viscardi um den Frauenbau, das sog. Kleine Schloss, erweitert. Dieses damals noch einstöckige „Kleine Schloss“ wurde noch in demselben Jahr von dem Wessobrunner Matthias Stiller stuckiert. 1704 erhielt das Gebäude ein zweites Stockwerk. Heute lädt im Kleinen Schloss ein Restaurant-Cafe, im Sommer mit Biergartenbetrieb im Park, zum Verweilen ein.

Die Kurfürsten Max Emanuel und Maximilian II. Joseph weilten während ihrer Jagdausflüge immer wieder in Türkheim. Gerade unter

Kurfürst Maximilian II. Joseph, der Mitte des 18. Jahrhunderts den Hauptbau umgestalten ließ, erhielt das Schloss seine endgültige Gestalt. Aus dieser Zeit stammen das Vestibül, die Treppe und der Innenausbau der Obergeschosse. Damals erfolgte auch die Neugestaltung des Daches.

Pflegkommissar Alois von Predl war der letzte Bewohner des Schlosses. Er wohnte hier bis 1797. Daraufhin diente die Anlage bis 1862 als Sitz des Landgerichts und bis 31.12.1969 als Amtsgericht. Nach dem Erwerb des Schlossgebäudes durch die Marktgemeinde wird es seit 1981 als Rathaus genutzt. Im 2. Obergeschoss wurde das Heimatmuseum untergebracht, das zu Ehren des Verfassers der bekannten „Sieben Schwaben“, Ludwig Auerbacher, „Sieben-Schwaben-Museum“ benannt ist.

Nördlich des Hauptbaus stehen die ehemaligen Nebengebäude aus dem 17. Jahrhundert. Südlich und westlich des Schlosses liegt der ab 1682 angelegte Schlossgarten. Der Verbindungsgang zwischen dem Kleinen Schloss und der Lorettokapelle wurde 1829 anlässlich einer Durchreise König Ludwigs I. von Bayern zu einem triumphbogenartigen Tor umgebaut. Das Tor bildet den südlichen Abschluss der Maximilian-Philipp-Straße.

HINWEIS

Sieben-Schwaben-Museum, Maximilian-Philipp-Str. 32, 86842 Türkheim, geöffnet an jedem ersten Sonntag im Monat von 14–17 Uhr, im Mai und Oktober jeweils am zweiten (Markt-) Sonntag von 14–17 Uhr. Gruppenführungen auch außerhalb dieser Öffnungszeiten nach vorheriger Anmeldung unter Tel. 0 82 45/53 24; E-Mail: rogg@tuerkheim.de

Im Jahre 1992 hieß es: „Ein Schloss wird wiederbelebt." Damals konnte Schloss Fellheim seiner neuen Bestimmung als Seniorenwohn- und Pflegeheim „Johanneshof Schloss Fellheim" übergeben werden. Betagte und pflegebedürftige Menschen finden seither in einem schönen und gepflegten Ambiente ein neues Zuhause.

Ein Blick in die Geschichte des Ortes zeigt, dass für das 13. Jahrhundert ein Fellheimer Ortsadel, die „Edlen von Vellheim", nachweisbar ist. Es folgten Mitte des 14. Jahrhunderts das Kloster Rot und zu Anfang des 15. Jahrhunderts das Kloster Roggenburg als Inhaber der Ortsherrschaft. Nach 1400 ging diese an Memminger Bürger (Besserer, Sättelin) über und gut einhundert Jahre später – auf dem Weg einer Heiratsverbindung – an die Freiherrn von Reichlin-Meldegg. Sebastian Reichlin von Meldegg ließ das Schloss 1557 neu errichten.

Schloss Fellheim, ein auf rechteckigem Grundriss errichteter dreigeschossiger Walmdachbau mit vier achteckigen Türmen und einem Glockenturm, stammt in seiner heutigen Form jedoch aus dem 17. Jahrhundert, nachdem das im 30-jährigen Krieg zumindest teilweise zerstörte Schloss erneuert werden musste. Im Übrigen war auch der Ort damals in Schutt und Asche gelegt worden. Erst gegen Ende des Krieges kamen die ersten Siedler wieder nach Fellheim zurück. Der damalige Schlossherr Philipp Bernhard von Reichlin-Meldegg war 1640 wieder nach Fellheim zurückgekehrt.

Die Familie von Reichlin blieb bis 1920 Eigentümer von Schloss Fellheim, das in den folgenden Jahren mehrfach den Besitzer wechselte. Zwischen 1946 und 1949 war im Schloss eine Wohlfahrtseinrichtung, eine „Geburtsstation" des Bayerischen Roten Kreuzes, eingerichtet und auch in den folgenden Jahren wurde es für soziale Zwecke genutzt. Von 1963 an war das Hauptgebäude unbewohnt. 1990 begann der Umbau zum bereits genannten Senioren- und Pflegeheim.

Im 18. Jahrhundert wurde die Schlossanlage mehrmals umgebaut. Nördlich des Hauptbaus stehen die zweigeschossigen, in Form von drei Flügeln um einen Hof gruppierten Wirtschaftsgebäude. Im Südteil des Westflügels befindet sich die 1773 errichtete Schlosskapelle St.-Johannes-Nepomuk, ein einschiffiger Raum mit Muldendecke und ei-

ner Herrschaftsloge. Eine Schlosskapelle wurde bereits 1626 genannt. Während der Umgestaltung des Schlosses erfolgte 1773 der Neubau der Kapelle, die heute von den beiden großen Konfessionen für gelegentliche Gottesdienste, Hochzeiten, Taufen u. ä. genutzt wird.

Noch kurz zur jüdischen Geschichte des Ortes: Nach dem Dreißigjährigen Krieg siedelte Freiherr Philipp Bernhard von Reichlin-Meldegg im südlichen Teil des Dorfes (genannt „Judenhausen") jüdische Familien an, deren Zahl im Lauf der Zeit stetig stieg. Vom christlichen Bereich deutlich abgeschieden, wohnten sie hier bis zur Deportation der letzten jüdischen Bürger im Jahre 1940. Sie verfügten über eine Synagoge, eine eigene Schule und eine rituelle Metzgerei.

HINWEIS

Johanneshof Schloss Fellheim, Ulmer Str. 6, 87748 Fellheim. Neben der Kapelle können der Innenhof und das Foyer des Schlosses besichtigt werden. Führungen für größere Gruppen können organisiert werden. Infos unter Tel. 0 83 35/9 09-0

Literatur:

Dehio, Georg, Handbuch der deutschen Kunstdenkmäler Bayern III: Schwaben, bearb. von Bruno Bushart und Georg Paula, München, Berlin 1989

Der Landkreis Memmingen, Landschaft-Geschichte-Kultur-Wirtschaft, Memmingen 1971

Epple, Alois und Joder, Robert, Kleines Schloss Türkheim, Kunstverlag Fink, Lindenberg, 1. Aufl. 1998

Fugger, Markus Graf, Fugger-Museum Schloss Babenhausen, Verlag Schnell+Steiner, München und Zürich, 1. Aufl. 1990

Habel, Heinrich, Landkreis Mindelheim (Bayerische Kunstdenkmale XXXI), München 1971

Karg, Franz, Schloss Kirchheim, Kunstverlag Fink, Lindenberg, 1. Aufl. 1998

Rapp, Wilhelm, Geschichte des Dorfes Fellheim an der Iller, Fellheim 1960

Wer sich für das Allgäu als Urlaubsregion entschieden hat, kommt bei seinen vorbereitenden Planungen am Ostallgäu nicht vorbei. Hier stehen die „Markenzeichen" der Region: die Schlossbauten König Ludwigs II. von Bayern. Die Schlösser Neuschwanstein und Hohenschwangau sind die Publikumsmagnete schlechthin und können jährlich weit über eine Million Besucher verzeichnen. Was aber ist es, das die Menschen so fasziniert und deshalb hierher zieht? Sind es die beiden genannten monumentalen Schlösser mit ihrer Geschichte oder ist es das Schicksal ihres Erbauers, König Ludwigs II. von Bayern, der 1886 auf bisher ungeklärte Weise im Starnberger See ums Leben gekommen ist? Vielleicht gibt es auf diese Fragen keine eindeutige Antwort. Sicher aber ist, dass hierzu auch die zauberhafte Landschaft mit ihren zahlreichen Seen beiträgt, in der auch die malerische Stadt Füssen mit dem Hohen Schloss und der einstigen Benediktinerabtei St. Mang eingebettet liegt.

Darüber sollte man aber die vielen anderen Sehenswürdigkeiten des Allgäus und des übrigen Bayerisch-Schwaben nicht vergessen, denn auch jenseits der Burgenromantik König Ludwigs II. gibt es zahlreiche Ausflugsziele, die es verdienen, besucht zu werden. Dazu zählt eine Reihe von Burgruinen, die lehrreiche Einblicke in den Burgenbau geben. Die imposante Burgruine Hohenfreyberg bei Pfronten beispielsweise ist seit Jahren Gegenstand intensiver Forschungsarbeiten von Dr. Joachim Zeune und die benachbarte Ruine Eisenberg ist vom örtlichen Burgenverein vor dem völligen Verfall gerettet worden. Beide Ruinen werden im Folgenden noch einzeln dargestellt. Erwähnenswert sind aber auch viele andere Objekte, die in diesem Zusammenhang freilich nur kurz genannt werden können. Dazu gehören die Ruinen Nesselburg (Gemeinde Nesselwang) und Falkenstein (Gemeinde Pfronten) als die höchstgelegene Ruine Deutschlands (1277 m), der Burgstall Frauenstein (Gemeinde Schwangau), die Erdhügelburg bei Seeg-Burk (Gemeinde Seeg), eine der schönsten Motten Deutschlands, die eindrucksvollen Turmruinen bei Helmishofen (Markt Kaltental) und Großkemnat (Stadt Kaufbeuren), um nur einige Beispiele zu nennen. Wie sehr einst auch diese Region mit kleineren Burganlagen geradezu übersät gewesen ist, zeigt die Tatsache, dass allein im Altlandkreis Kaufbeuren heute 72 Burgställe nachgewiesen werden können.

Neben diesen Zeugnissen mittelalterlichen Burgenbaus findet sich hier aber auch eine Reihe gut erhaltener Schlossbauten. Beispielsweise in Unterthingau, wo heute das Schloss als Rathaus genutzt wird. Im 19. Jahrhundert war hier das Gasthaus „Zum Schwanen" untergebracht. In Günzach steht die 1730 vom Kemptener Fürstabt als Jagdschloss und Bräuhaus errichtete Dreiflügelanlage mit einer Reihe von Ökonomiegebäuden – eine Anlage, die sich schon seit dem 19. Jahrhundert in Privatbesitz befindet. In Rückholz ist das heutige Pfarrhaus ein ehemaliges Schloss des Klosters St. Mang in Füssen. Es wurde wohl um 1730 errichtet.

Andere Schlösser können dagegen nicht mehr die Bausubstanz aufweisen wie die eben genannten Beispiele. Dazu zählt das ehemalige Schloss in Osterzell. Die Anlage aus der ersten Hälfte des 18. Jahrhunderts, deren Nord- und Südflügel im 19. Jahrhundert abgebrochen wurden, diente zuerst als Pfarrhaus und fand dann in den 1970er Jahren als Wohnhaus Verwendung. Zu erwähnen ist in diesem Zusammenhang auch das ehemalige Schloss in Bickenried in der Nähe von Irsee, das 1764 vom Reichsstift Irsee errichtet wurde, 1870 aber weitgehend abgebrannt ist.

Ein Blick noch auf die Herrschaftsträger am Ende des Alten Reiches. Neben dem Kurfürstentum Bayern und dem Hochstift Augsburg als den bedeutendsten Territorialherren verfügten – neben weiteren kleineren Herrschaften – auch die Schenken von Castell, die Freiherren von Freiberg-Eisenberg, Vorderösterreich, die Benediktinerabtei St. Mang in Füssen, das Reichsstift Irsee und die Prälatur Rottenbuch hier über Grundbesitz.

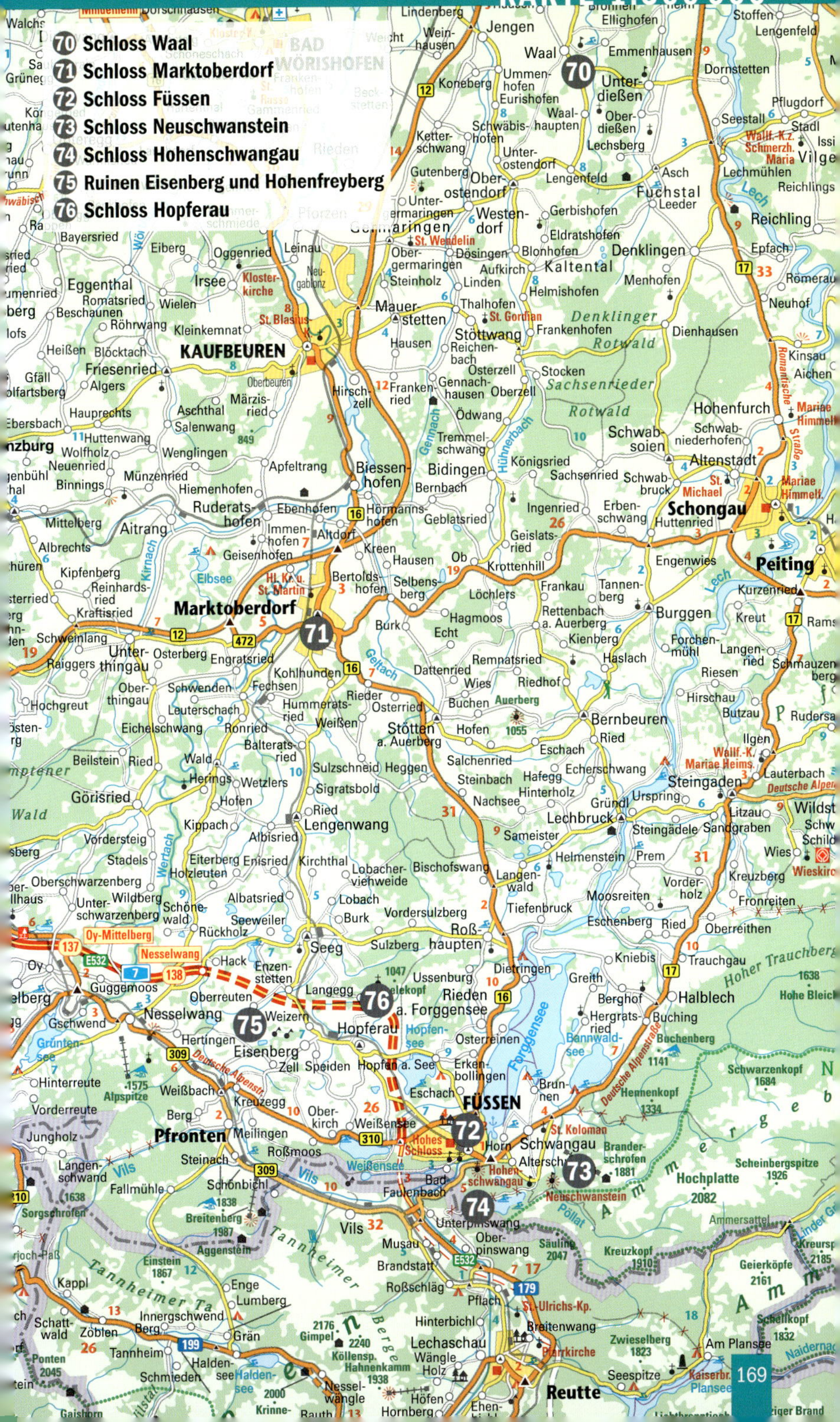
70 Schloss Waal
71 Schloss Marktoberdorf
72 Schloss Füssen
73 Schloss Neuschwanstein
74 Schloss Hohenschwangau
75 Ruinen Eisenberg und Hohenfreyberg
76 Schloss Hopferau
KAUFBEUREN
Marktoberdorf
Schongau
Peiting
FÜSSEN
Pfronten
Reutte
Nesselwang
Forggensee
Lech

Südöstlich der kath. Pfarrkirche St. Anna liegt das Schloss, das einst den Herren von Waal als Ansitz gedient hat. Die Reste einer mittelalterlichen, 1397 im Städtekrieg von den Augsburgern zerstörten Burg stecken heute noch im Westteil des bestehenden Schlosses, das im 17. Jahrhundert umgebaut wurde. Heute ist Schloss Waal ein dreigeschossiger Rechteckbau. „Das gewölbte Dach hat die Form eines umgestülpten Bootskörpers mit Sektoren an den Ecken", formulierte einst Werner Meyer ganz zutreffend in seiner Beschreibung des beeindruckenden Schlossbaus.

Im Jahre 1401 erwarben die Herren von Freiberg die Herrschaft, ihnen folgten die Herren von Landau, unter deren Herrschaft das Schloss mit seinen vier Ecktürmen ausgebaut wurde. 1601 folgten ihnen die Herren von Muggenthal und nach mehrfachem weiteren Besitzerwechsel erwarb Erbprinz Erwein von der Leyen von der Krone Bayern im Jahre 1820 den Besitz um 250.000 Gulden und ergänzte ihn bald durch Zukäufe zur Herrschaft Waal-Unterdießen. Mitte des 19. Jahrhunderts und später dann im Jahre 1907 ließen die neuen Besitzer das Schloss innen und außen umbauen.

Eine Reihe von Nebengebäuden ist noch erhalten. Nördlich des Schlosses liegen die Hofgebäude, südlich daran anschließend befindet sich das Bräuhaus aus der ersten Hälfte des 19. Jahrhunderts. Erhalten sind weiterhin ein Torbau zwischen Bräuhaus und den Hofgebäuden, Kanzlei und Waage sowie ein nach 1820 errichteter Hofbrunnen und eine

Anfang des 20. Jahrhunderts gepflanzte Lindenallee. In gerahmten Wappenfeldern wird mit den Initialen HVM (Heinrich von Muggenthal) und EVMGS (Euphrosina von Muggenthal geb. von Stein) auf frühere Besitzer der Herrschaft hingewiesen.

Das ehemalige „Schlössle", am Ortsausgang gelegen, stammt wohl aus der 2. Hälfte des 18. Jahrhunderts und wird heute als Krankenhaus genutzt. Der Nordtrakt des stattlichen Gebäudes wurde im Jahre 1882 errichtet.

HINWEIS

Schloss Waal, Fürst-von-der-Leyen-Platz 1, 86875 Waal, ist in Privatbesitz und kann nicht besichtigt werden.

SCHLOSS MARKTOBERDORF

Das ehemalige fürstbischöfliche Schloss, in beherrschender Lage unweit der Pfarrkirche gelegen, beherbergt heute die bayerische Musikakademie (seit 1984) und das Vermessungsamt.

Im Jahre 1424 ist der herrschaftliche Ansitz in Oberdorf, wie der Ort früher hieß, erstmals in den Quellen belegt. Genannt wird er als Sitz der bischöflichen Pröpste von Augsburg. 1515/17 ließ der Augsburger Fürstbischof Heinrich von Lichtenau einen Bau errichten, der etwa 200 Jahre später einem Neubau weichen musste. 1722 wurde die Burg abgetragen und in den Jahren zwischen 1723 und 1728 unter Fürstbischof Alexander Sigismund Pfalzgraf bei Rhein von Baumeister Johann Georg Fischer ein barockes Ensemble errichtet. Fürstbischof Joseph Landgraf von Hessen ließ 1761/62 den Bau erweitern und umgestalten: Der Zwischentrakt wurde erhöht und die gesamt Anlage durch einen angebauten Nordflügel vergrößert.

Kurfürst Clemens Wenzeslaus, der letzte Fürstbischof von Augsburg, weilte gerne auf seinem Schloss in Marktoberdorf. Bis zu seinem Lebensende verbrachte er die Sommermonate hier im Schloss. Im Jahre 1774 ließ er die heute noch erhaltene Allee anlegen.

HINWEIS

Das Schloss ist nur von außen zu besichtigen. Bayerische Musikakademie Marktoberdorf, Kurfürstenstraße 19, 87616 Marktoberdorf, Tel. 0 83 42/96 18-0

Im Zuge der Säkularisation kam das Schloss in neue Hände, doch wurde auch in bayerischer Zeit dem letzten Fürstbischof das Wohnrecht eingeräumt. 1812 aber richtete der Staat im Schloss das kgl. Landgericht und 1820 das kgl. Rentamt ein. 1862 folgte das Bezirksamt. Über dem Hauptportal findet sich der Wappenstein des Erbauers von Schloss Oberdorf, Fürstbischof Alexander Sigismund von Pfalz-Neuburg (1690–1737). Über dem einfacheren Portal des Ostflügels angebracht ist der Wappenstein des Vollenders des Schlosses, Fürstbischof Joseph Landgraf von Hessen-Darmstadt (1740–1768).

SCHLOSS FÜSSEN

Die drei Flügel des Hohen Schlosses in Füssen sind um einen langgestreckten Hof angeordnet. In der Mitte des Westflügels dominiert der hohe, fünfgeschossige Gefängnisturm, der erst um 1500 als Geschützturm errichtet worden ist. Zum Erstbestand aus den Jahren 1291/92 gehören das Erdgeschoss des „Storchenturmes", des mächtigen Wohnturmes über dem Nordwesteck der Burg, und ein älteres Turmfundament unter dem Gefängnisturm. Im Nordflügel, dem sog. Fürstenflügel, befindet sich neben Halle und Küche der imposante Rittersaal, an der Nordostecke steht der um 1332 errichtete Dreifaltigkeitsturm. Kurz: Auf nach drei Seiten steil abfallendem Plateau erstreckt sich eine Anlage mit beträchtlichen Ausmaßen hoch über der Altstadt und dem Kloster St. Mang.

Das Hohe Schloss in Füssen konnte seine spätmittelalterlichen Bauformen bis heute weitgehend erhalten. Dennoch kennt man die Baugeschichte des Schlosses nur in ihren Grundzügen. Gesichert ist, dass ihre Anfänge wohl auf den Versuch Herzog Ludwigs des Strengen von Bayern zurückgehen, hier 1291/92 eine Burg zu errichten. Freilich gelang es seinem Rivalen, dem Bischof von Augsburg, schon 1292 eine Einstellung des Burgenbaus zu erwirken. Fortan von den Bischöfen von Augsburg genutzt, ging der bis dahin noch nicht fertiggestellte Burgenbau 1322 in den Besitz der Bischöfe über. Unter Bischof Friedrich I. begannen nun die Ausbautätigkeiten, zu denen die Errichtung des Nordflügels samt Dreifaltigkeitsturm sowie die Erhöhung bestehender Mauern und Türme gehörten. Insbesondere in der Zeit Bischof Friedrichs II. von Hohenzollern wurden zwischen 1486 und 1503 umfangreiche Umbauarbeiten ausgeführt. Um 1500 war der

Ausbau der Burg weitgehend abgeschlossen. Es war eine „spätgotische Residenz von burghafter Gestalt" (Zeune) entstanden. Damals wurden neben der Veitskapelle der Süd- und der Nordflügel erweitert und mit schönen Illusionsmalereien geschmückt, die 1957/58 freigelegt werden konnten. Weiterhin verstärkte man damals die Befestigungsanlagen durch den Gefängnisturm sowie einen vorgelagerten Zwinger; auch wurde damals – nicht zuletzt zur Baumaterialgewinnung – der Halsgraben beträchtlich erweitert.

Im 30-jährigen Krieg erlitt die Burg erhebliche Beschädigungen. Im Zuge der Ausbesserungsarbeiten ließ Bischof Christoph von Freyberg um 1680 die Zimmer im Nordflügel und die Kapelle St. Veit umgestalten. Als Stuckateure arbeiteten damals die Wessobrunner Johann Schmuzer und Simon Bader.

Während der Koalitionskriege 1798/99 wurde das Schloss österreichisches Zentrallazarett, ein Jahr darauf war es in französischer Hand. In den folgenden Friedenszeiten nutzte es der bayerische Kronprinz Maximilian (1811–1864) zeitweise als Sommersitz. Nach seinem Tod wurde im Jahre 1864 das Amtsgericht mit einem Bezirksgefängnis eingerichtet. Der Nordflügel beinhaltet seit 1931

eine Zweiggalerie der bayerischen Staatsgemäldesammlung. Neben der bedeutenden Gemäldesammlung ist im Inneren des Schlosses besonders sehenswert der Festsaal aus den Jahren um 1500 mit seiner wertvollen Kassettendecke und einem aus dem Marktoberdorfer Schloss stammenden Kachelofen aus dem Jahre 1514.

HINWEIS

Staatsgalerie im Hohen Schloss Füssen, Magnusplatz 10, 87629 Füssen, geöffnet Di.–So. 11–16 Uhr, Nov. bis März Di.–So. 14–16 Uhr. Infos unter Tel. 0 83 62/90 31 45 und 94 01 62

Blick vom Hohen Schloss über das Füssener Franziskanerkloster bis zum Tegelberg, dem Hausberg von Schwangau

Schloss Neuschwanstein

Neuschwanstein ist zweifelsohne der Publikumsmagnet des Allgäus. Die Besucher aus allen Ländern der Welt – jedes Jahr über eine Million – wollen zu jeder Jahreszeit das Schloss besichtigen und nehmen dabei nicht selten lange Wartezeiten auf sich.

Was mag der Grund dafür sein? Ist es der märchenhafte Bau inmitten des Waldes vor malerischer Kulisse, ist es das Schicksal seines Erbauers, König Ludwigs II., oder beides zusammen?

Die Fakten: König Ludwig II. ließ ab 1868 auf einem zerklüfteten Felsen vor malerischer Bergkulisse an der Stelle der Ruine Vorder- und Hinterhohenschwangau das Schloss als „Neue Burg Hohenschwangau" errichten. Erst nach dem Tod des Königs 1886 wurde die Anlage dann „Neuschwanstein" genannt. Wie aus einem Brief des Königs an Richard Wagner hervorgeht, sollte das Schloss „im echten Styl der alten deutschen Ritterburgen" erstehen. An dem Platz, an dem heute Neuschwanstein steht, befand sich also bis 1868 eine der größten und ältesten Burgruinen Bayerns – die oben genannte Doppelburg Schwangau. Da diese aber nicht der Vorstellung des Königs von einer „mittelalterlichen Burg" entsprach, ließ er sie sprengen und seine eigene Idee realisieren.

Die Burg Schwangau war bis 1191 Eigentum der Welfen, dann der Staufer und wurde von einem örtlichen Dienstmannengeschlecht verwaltet. Diesem Dienstadel entstammt der bekannte Minnesänger Hiltpolt von Schwangau, der in der 1. Hälfte des 13. Jahrhunderts lebte.

Bedenkt man, wie empfänglich Ludwig für alles „Mittelalterliche" war, so kommt es sicher nicht von ungefähr, dass für die Planung

Neuschwansteins die Entwürfe des Theatermalers Christian Jank herangezogen wurden. Umgesetzt wurden die Pläne von Eduard Riedel und Georg Dollmann. Während also der Bautypus der romanischen Formensprache folgt, orientiert sich das Bildprogramm der Innenausstattung an der Themen- und Ideenwelt der Opern Richard Wagners. Maßgebend waren dabei die vom König gewünschten Erinnerungen an die Bühnenbilder von Richard Wagners Opern „Lohengrin" und „Tannhäuser".

Fertiggestellt war das Schloss beim Tod des Königs im Jahre 1886 noch lange nicht. Erst 1892 war die Gesamtanlage weitgehend vollendet, jedoch ohne Bergfried und Kapelle. Was damals in imposanter Lage über den steil aufsteigenden Felsen der Pöllatschlucht geschaffen wurde, ist der berühmteste Bau Ludwigs II. und ein Hauptwerk des späten Historismus, gefertigt aus neoromanischen, neugotischen und maurisch-byzantinischen Versatzstücken.

Über dem Eingang zum unteren Schlosshof befindet sich das bayerische Königswappen. Von dort gelangt man in den oberen Schlosshof und in das Innere der Schauräume. Zu den beeindruckendsten Räumen gehören der nach dem Vorbild des Festsaals der Wartburg konzipierte Sängersaal sowie der Thronsaal mit seiner sakral anmutenden Ausstrahlung.

HINWEIS

Geöffnet von April bis September von 9–18 Uhr und von Oktober bis März von 10–16 Uhr. Karten sind nur im Ticketcenter Neuschwanstein, Hohenschwangau, Alpseestraße 12, erhältlich, Tel. 08362/930830. Ticketverkaufszeiten: 1.4 bis 30.9 Montag bis Sonntag 8–17 Uhr, vom 1.10. bis 31.3 Montag bis Sonntag 9–15 Uhr. Am 1. Jan., 24., 25. und 31. Dez. sowie am Faschingsdienstag geschlossen.

Linke Seite oben: Schlafgemach
Linke Seite unten: Thronsaal
Unten: Sängersaal

Schloss Hohenschwangau

Eine ruinöse Burg, eingebettet in eine romantische Berglandschaft, wurde im 19. Jahrhundert zu einem Ort der Geschichtsbetrachtung mit den Stilmitteln des Historismus. Was daraus geworden ist, wird dem Betrachter schnell deutlich: ein neugotischer, würfelförmiger Bau, errichtet seit den 1830er Jahren, vollendet im Jahre 1854. In den Gemäuern dieses Schlosses steckt freilich noch weitgehend die Bausubstanz einer mittelalterlichen Burg. Was hat es damit auf sich?

Für das Jahr 1363 ist ein „Synweln Turm", auch Schwanenturm oder Burg Schwanstein genannt, belegt. Aber was hat „Schwanstein", so fragt man sich, mit der Burg Hohenschwangau zu tun? Die Erklärung ist einfach und einleuchtend: man hat Ende des 19. Jahrhunderts die Burgnamen vertauscht. Das heutige Neuschwanstein hieß eigentlich Vorder- und Hinterhohenschwangau, eine 1397 erstmals genannte Doppelburg, das spätere Hohenschwangau hieß damals dagegen Schwanstein.

Ursprünglich gehörte die Burg Schwanstein also den Herren von Schwangau, deren Besitz in Form von Schwanstein, Frauenstein, Vorder- und Hinterhohenschwangau im Jahre 1428 auf die vier Söhne des Ulrich von Schwanstein verteilt wurde. 1440 wurde die Burg an Herzog Albrecht III. von Bayern verkauft, 1523 war sie baufällig. 1535 erwarb der Augsburger Patrizier Hans Baumgartner nicht nur die Burg Schwanstein, sondern auch die Doppelburg Vorder- und Hinterhohenschwangau. In den Jahren 1538 bis 1547 ließ er erstere unter Verwendung alter Bauteile in „italienischer Manier" neu errichten. Seine Burg bildet noch immer weitgehend den heute sichtbaren Baubestand mit Ausnahme des erst nach 1837 errichteten südwestlichen Eckturmes.

1567 ist Schwangau wieder in bayerischem Besitz. Die 1809 im Tiroler Krieg beschädigte Burg erwarb 1832 Kronprinz Maximilian und ließ sie durch den Künstler und Architekten Domenico Quaglio – und nach dessen Tod 1837 durch Joseph Daniel Ohlmüller – zu einem geräumigen Schloss ausbauen. Die Fertigstellung erfolgte in den Jahren 1850 bis 1854 durch Georg Friedrich Ziebland. Hohenschwangau wurde so zum „Elternhaus" König Ludwigs II. von Bayern,

das ihn bekanntermaßen tief geprägt hat. Ein Blick auf die Ausstattung der einzelnen Räume und Säle macht schnell klar, dass es hier nicht nur um Repräsentation, sondern auch um die Darstellung historischer Zusammenhänge geht: ein bewusst inszenierter Rückgriff in die Geschichte mit der großen Vielfalt historischer Themen. Da wird die Geschichte der Herren von Schwangau ebenso dargestellt wie die Geburt Kaiser Karls des Großen oder die Geschichte der Wittelsbacher und die Reise des Kronprinzen in die Türkei, um nur einige Beispiele anzuführen.

Schließlich kommt man in Hohenschwangau – nach dem im Ries gelegenen Wallerstein nun zum zweiten Mal – auf die Spur des Fürsten Ludwig zu Oettingen-Wallerstein, der – nach Angaben in der Literatur – im Jahre 1820 das stattliche Schloss erworben hat, um es allerdings bald darauf wieder zu veräußern. Und noch auf eine weitere aus dem Ries stammende Persönlichkeit trifft man hier: auf Albrecht Adam, den berühmten, aus Nördlingen stammenden Schlachten- und Pferdemaler, der in Hohenschwangau an der Ausgestaltung der Innenräume mitgewirkt hat.

HINWEIS

Öffnungszeiten von April bis September von 9–18 Uhr und von Oktober bis März von 10–16 Uhr. Besitzer: Wittelsbacher Ausgleichsfonds, Alpseestraße 15, 87645 Hohenschwangau, Tickets: Ticket-Service Hohenschwangau, Alpseestraße 12, 87645 Hohenschwangau, Tel. 08362/930830. Ticketverkaufszeiten: vom 1.4. bis 30.9 Montag bis Sonntag 8–17.30 Uhr, vom 1.10. bis 31.3. Montag bis Sonntag 9–15.30 Uhr. Am 24. Dezember geschlossen.

Etwa drei Kilometer nordöstlich von Pfronten liegen hoch über dem Dorf Zell auf unmittelbar nebeneinander liegenden Berggipfeln die beiden Ruinen Eisenberg und Hohenfreyberg.

Eisenberg ist die ältere der beiden Burganlagen. Um das Jahr 1315 dürfte sie errichtet worden sein, als Peter von Hohenegg seine Höhlenburg Loch an Tirol verlor und einen neuen, sicheren Herrschaftssitz benötigte. 1340 erfolgte die erste urkundliche Nennung mit eben diesem Peter von Hohenegg auf Isenberch, der 1356 verstarb und den Besitz an seine drei Söhne vererbte. Bertold erhielt damals die Burg Eisenberg. 1382 übereignete dieser seine Herrschaft Herzog Leopold III. von Österreich, erhielt sie aber als Lehen von diesem wieder zurück. Über Bertolds Tochter Anna, die kurz vor 1376 Friedrich von Freyberg geheiratet hatte, kam die Herrschaft Eisenberg dann an die Herren von Freyberg, die bis 1830 Besitzer von Eisenberg blieben. Dann gingen die grundherrlichen Rechte an den bayerischen Staat über.

Kurz vor Ende des Dreißigjährigen Krieges, am 15. September 1646, wurde die Burg Eisenberg zusammen mit den Burgen Falkenstein und Hohenfreyberg von der Tiroler Landesregierung in der Absicht niedergebrannt, diese den anrückenden Schweden nicht in die Hände fallen zu lassen. Seitdem sind diese drei Burgen Ruinen. In den 1980er Jahren konnte durch das Engagement des örtlichen Burgenvereins die inzwischen in Gemeindebesitz übergegangene Ruine Eisenberg vor dem völligen Verfall gerettet werden.

Die Burg bestand aus einer hohen Ringmauer, einer sog. Mantelmauer, die die Kernburg umfasste. An ihrer Innenseite lehnte sich eine ganze Reihe von Gebäuden unterschiedlicher Funktion an: zwei Palasse, Wirtschaftsgebäude wie Bäckerei und Badestube, eine Kapelle und eine Zisterne. Im ausgehenden 15. und beginnenden 16. Jahrhundert wurde die Burg durch Ausbauten der Befestigungen deutlich verstärkt.

Auch die Geschichte der in einer Entfernung von etwa 300 Meter Luftlinie liegenden Burgruine Hohenfreyberg ist eng mit der Familie von Freyberg verbunden. Die Verbindung ist familiengeschichtlich bedingt. Die beiden oben genannten Friedrich von Freyberg und Anna von Hohenegg hatten drei Söhne, von welchen der älteste namens Friedrich auf dem benachbarten Hügel die Burg Hohenfreyberg erbauen ließ. 1418 wurde mit dem Bau der Burg auf den Überresten eines Vorgängerbaus begonnen. Im Jahre 1432 war die bewusst im Stile einer Stauferburg errichtete Anlage weitgehend fertig gestellt. Mit Recht wird diese Burg als ein „Anachronismus“ bezeichnet (Zeune). Anders ausgedrückt: Man wollte

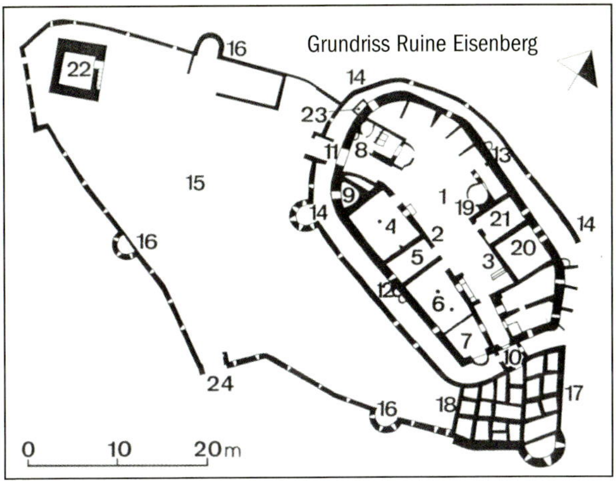

1 Kernburg; **2** Palas; **3** Palas; **4** Küche mit Servierfenster; **5** Treppenhaus; **6** Lagerraum; **7** Kapelle; **8** Backstube, mit Badehaus im Obergeschoß; **9** Tankzisterne; **10** altes Burgtor; **11** jüngeres Burgtor; **12** Doppelabtritt; **13** Abortschacht; **14** Zwingermauer; **15** Vorburg; **16** Vorburgmauer; **17** Bastion mit Innenkammern; **18** älterer Zugang; **19** Treppenturm; **20/21** Lagerraum; **22** Auslug; **23** Abortschacht; **24** Tor Vorburg *(Dr. J. Zeune)*

in den Zeiten des ritterlichen Niedergangs mit diesem Bau, der im Gegensatz zur turmlosen Burg Eisenberg zwei hochaufragende Türme besaß, bewusst ein Zeichen von Macht und Stärke setzen. So fiel diese „Imponierburg" in Bezug auf die kleine Herrschaft viel zu groß und mächtig aus. Allerdings wurde die verbleibende Herrschaft Eisenberg 1465 nochmals verkleinert, als Sigmund von Freyberg ein eigenes Territorium erhielt und sich nun „von Freyberg zu Hopferau" nannte. Damals wurde der Grundstein gelegt zum Bau des Schlosses Hopferau.

Jörg von Freyberg, der ohne männliche Nachkommen geblieben war, veräußerte im Jahre 1480 die Burg Hohenfreyberg an Erzherzog Sigmund von Österreich, der sie samt Zubehör nur fünf Jahre später dem Augsburger Patrizier Georg Gossembrot als Pfandgut überließ. Von nun an wurde die Burg von Pflegern verwaltet. Unter Gossembrot erfolgte ein Großumbau der Burg, die nun auf Artilleriewaffen umgerüstet wurde. Lange Zeit hatten die Schads von Mittelbiberach die Burgpflegschaft inne. Mit ihrem Aussterben 1639 ging diese an die Herren von Ulm zu Mittelbiberach und Erbach über.

Der 30-jährige Krieg brachte das Ende der Burgen Hohenfreyberg, Eisenberg und Falkenstein. Obwohl 1607 bis 1609 von der Tiroler Landesregierung nochmals der modernen Artillerie angepasst, wurde Hohenfreyberg zuerst entfestigt, dann 1646 – wie die beiden anderen Burgen – niedergebrannt, um sie dem Feind nicht in die Hände fallen zu lassen. Für die Jahre 1714 bis 1791 konnten die Freyberger die Pfandherrschaft erwerben. Dann ging diese an das mit Napoleon verbündete Bayern über, das die Herrschaft aber im Jahre 1841 endgültig an die Freiherren von Freyberg veräußerte. Ihnen gehört die Ruine heute noch.

Hohenfreyberg wurde von 1995 bis 2005 fachkundig erforscht und mustergültig saniert. Daher zählt sie noch immer zu den malerischsten und interessantesten Burgruinen Deutschlands.

HINWEIS

Zufahrt bis zur Schlossbergalm, dort Parkplätze und Einkehrmöglichkeit. Von hier auch Zugang zur benachbarten Ruine Hohenfreyberg.
In Zell, Dorfstraße 12, 87637 Eisenberg-Zell befindet sich ein Burgenmuseum mit zahlreichen Exponaten der archäologischen Burgenforschung. Hier wird auch die Geschichte der Burgen Eisenberg und Hohenfreyberg anschaulich dargestellt.
Öffnungszeiten: Sa., So. und an Feiertagen 13–16 Uhr. Eintritt: frei!

SCHLOSS HOPFERAU

Die Anfänge von Schloss Hopferau gehen zurück auf das Jahr 1468. Damals ließ Sigmund-Friedrich von Freyberg das Schloss errichten. Der Schlossbau war notwendig geworden, als die Herrschaft Eisenberg aufgeteilt wurde und Sigmund von Freyberg ein eigenes Territorium erhielt. Seit 1803 ist die Anlage in Privatbesitz. Erster Besitzer war der Postexpediteur Kolb.

Unter den Freiherren von Ponickau wurde das Schloss durch den Künstler und Architekten Domenico Quaglio umgebaut, mit einer neugotischen Fassade versehen und um den Ostflügel erweitert. Quaglio war ja auch bei der Instandsetzung des Schlosses Hohenschwangau maßgeblich beteiligt gewesen.

Das 20. Jahrhundert führte so manchen Künstler in das Schloss. So war es in den Jahren 1910 bis 1933 im Besitz des Kunstmalers Paul Segisser aus Karlsruhe, 1937 arbeitete hier Georg Halbich, ein Bildhauer aus München. Seit 1946 fand immer wieder Konrad Zuse, Erfinder des Computers, den Weg nach Hopferau und war häufig im Schloss zu Gast.

1999 nun übernahm die Kultur-Stiftung Schloss Hopferau das ansehnliche Ensemble und sicherte so langfristig seinen Erhalt. Nach umfangreichen Renovierungsarbeiten konnte das Schloss der Öffentlichkeit wieder zugänglich gemacht werden. Es bietet als Hotel-Restaurant mit schönem Biergarten sowohl dem Tagungsgast als auch privaten Besuchern ein besonderes Ambiente in einer wunderschönen Landschaft.

Die Zimmer sind nach den früheren Bewohnern oder Besitzern des Schlosses benannt: zum Beispiel der Freybergsaal oder das Segisser Zimmer. Der Tafelsaal besticht durch eine über 170 Jahre alte, handgemalte Bildtapete. Noch aus der Erbauungszeit stammt die spätgotische Holzdecke des Rittersaales samt dessen Vertäfelung. Weithin bekannt sind inzwischen die so genannten Treppenhauskonzerte, die nicht nur wegen der hervorragenden Akustik im Schloss von den Liebhabern klassischer Musik gerne besucht werden.

HINWEIS

Betriebsgesellschaft Schloss zu Hopferau,
Schlossstraße 9, 87659 Hopferau,
Tel. 0 83 64/9 84 89-0,
E-Mail: info@schloss-hopferau.com

Wer im Ostallgäu Urlaub macht und Hohenschwangau und Neuschwanstein besucht hat, der sollte sich für einen Abstecher über die Grenze Zeit nehmen und das dritte große Bauprojekt König Ludwigs II., Schloss Linderhof, aufsuchen. Dieses dem Umfang nach „bescheidenste“ der drei Königsschlösser war aber das einzige, dessen Vollendung der König noch selbst erlebt hat.

Bei seinem Besuch der Pariser Weltausstellung im Jahre 1867 kam König Ludwig II. auch nach Schloss Versailles. Zutiefst beeindruckt von dieser Schlossanlage, wollte er bei sich zu Hause ein neues Versailles entstehen lassen. Nicht von ungefähr steht also im Vestibül des Schlosses Linderhof das Reiterdenkmal des Sonnenkönigs Ludwig XIV. Aber letztlich realisierte Ludwig II. diese Idee eines neuen Versailles nicht in Linderhof, sondern in Schloss Herrenchiemsee.

In Linderhof, dort, wo das Jagdhaus seines Vaters Maximilian II. stand, verwirklichte er andere Träume. Hier schwelgte er ganz in der Formensprache des Rokoko sowie in den Formen des Historismus und schuf mit der Grotte bzw. Tropfsteinhöhle eine „Traum-Wirklichkeit“, die ihm immer wieder zum Refugium werden sollte.

Unten: Arbeitszimmer
Unten rechts: Schlafgemach

Ein Blick noch nach Tirol, wo ebenfalls eine Reihe von sehenswerten Ruinen darauf wartet, besucht zu werden. Die Burgruine Vilsegg beispielsweise oder die Höhlenburg Burgruine Loch sowie die Ruinen Fernstein und Sigmundsburg, um nur einige markante Beispiele zu nennen. Hinzuweisen ist vor allem auf das grandiose, vierteilige Festungsensemble in Ehrenberg, dessen Talsperre (Klause) seit Juli 2006 das Europäische Burgenmuseum beherbergt – eine interessante multimediale Reise in die Epoche des europäischen Mittelalters.

Literatur:

Dehio, Georg, Handbuch der deutschen Kunstdenkmäler Bayern III: Schwaben, bearbeitet von Bruno Bushart und Georg Paula, München, Berlin 1989

Kolb, Ägidius und Kohler, Ewald, Hrsg., Ostallgäu. Einst und Jetzt, Marktoberdorf 1984

Leidorf, Klaus, Ettel, Peter, Irlinger, Walter, Zeune, Joachim, Burgen in Bayern, 7000 Jahre Geschichte im Luftbild, Stuttgart 1999

Meyer, Werner, Burgen und Schlösser in Bayerisch Schwaben, Frankfurt am Main 1979

Zeune, Joachim, Burgenführer Ostallgäu und Außerfern/Tirol, herausgegeben von den Tourismusregionen Ostallgäu und Reutte/Tirol, Marktoberdorf 1998

Ders., Eisenberg und Hohenfreyberg, Kleine Burgenführer-Reihe des Burgenverlages Zeune und Koop. Dort weitere Literatur.

Ein Blick auf die historische Landkarte zeigt, dass am Ende des Alten Reiches das Gebiet des heutigen Landkreises Oberallgäu im Wesentlichen durch drei Herrschaften bestimmt wurde. Die dominierenden Territorialherren waren neben dem Hochstift Augsburg und dem Fürststift Kempten auch die Grafen von Königsegg-Rothenfels. Über kleinere Besitzungen, sozusagen als Einsprengsel in die Gebiete der großen Territorialherren, verfügten die Freiherren Pappus von Tratzberg. Zu den herausragenden Bauwerken im Landkreis gehört ohne Zweifel die einstige Residenz des Fürststiftes in Kempten. Bis zur Säkularisation 1803 war sie der dominierende Mittelpunkt des Territoriums des Fürststiftes. Daneben sollten aber auch die weltlichen Residenzen und Herrensitze beachtet werden wie z. B. das Stadtschloss in Immenstadt, das heute als Rathaus genutzt wird, sowie Schloss Rauhenzell. Und nicht zu vergessen sind auch die heute nicht mehr vorhandenen Schlösser wie z. B. das Stadtschloss in Sonthofen, das im 2. Weltkrieg vollkommen zerstört worden war.

Für den historischen Zusammenhang bedeutsam sind aber auch die einstigen Burgen Laubenberg und Rauhlaubenberg, da sie in enger Verbindung sowohl mit der Familie der Freiherren Pappus von Tratzberg als auch mit dem heute noch bewohnten Schloss Rauhenzell bei Immenstadt stehen. Im Jahre 1555 begannen nämlich die Herren von Laubenberg mit dem Bau des Schlosses in Rauhenzell, um nach dessen Fertigstellung 1559 ihre Burg zu verlassen und in das wohnlichere Schloss zu ziehen.

Kurz noch zur weiteren Geschichte dieser Familie und ihrer früheren Ansitze. 1647 erhielt der Tiroler Kanzler Johann Andreas Pappus von Tratzberg die 1579 durch Brand teilweise zerstörte Burg Rauhlaubenberg vom Herzog von Österreich als Lehen – nachdem die Herren von Laubenberg ausgestorben waren. Bis 1934 sollte die Anlage – wie die Burg Laubenberg auch – im Besitz des Hauses Tratzberg bleiben, ehe beide Burgen an die Freiherren von Lerchenfeld übergingen.

Die Literatur belegt, dass auch im heutigen Oberallgäu einst eine hohe Burgendichte herrschte. In dem Buch „Burgen im Allgäu“ werden für die Altlandkreise Kempten und Sonthofen insgesamt 19 heute noch zum Teil gut erhaltene Burgruinen beschrieben. Die meisten von ihnen sind entlang der Iller zu finden. Sulzberg und Alt-Trauchburg gehören dabei zu den herausragenden Beispielen, weil an ihrer Bausubstanz die wichtigsten Bauteile einer hochmittelalterlichen Burganlage erkennbar sind. Und vor allem: die beiden Ruinen sind gut erforscht und gut dokumentiert durch das Büro für Burgenforschung von Dr. Joachim Zeune. Seine Ergebnisse hat der Burgenforscher in zahlreichen Aufsätzen in der Zeitschrift „Heimat Allgäu“ sowie in der Broschüre „Burgwanderweg Alt-Trauchburg“ dargestellt, in der neben aufschlussreichen Details zum Burgenbau auch interessante Ausführungen zur Geschichte der Region gemacht werden.

Betrachtet man eine Übersichtskarte der Burgenregion Allgäu, dann ist für das Oberallgäu also eine ganze Reihe von Burgruinen festzustellen: Fluhenstein (Sonthofen), Burgberg (Gem. Burgberg), Hugofels (Immenstadt), Rothenfels (Immenstadt), Laubenbergerstein (Immenstadt), Rauhlaubenburg (Immenstadt), Werdenstein (Immenstadt), Langenegg (Gem. Waltenhofen), Sulzberg (Gem. Sulzberg), Alt-Trauchburg (Weitnau), Neuenburg (Gem. Durach), Schöneberg und Baltenstein (Gem. Betzigau), Burghalde mit Burgmuseum (Kempten), Wolkenberg (Gem. Wilpoldsried), Wagegg (Gem. Haldenwang), Hohenthann (Altusried), Alt-Kalden und Neu-Kalden (Altusried). Und ein Blick in die Literatur zeigt, dass für den Altlandkreis Sonthofen zusätzlich Rettenberg und Ettensberg anzuführen sind.

Ist das Allgäu mit seinen über 240 nachweisbaren Burgen eine äußerst reiche Burgenlandschaft, dann liegt ein guter Teil davon hier im Oberallgäu. Grund genug also, sich auf die Spuren einer noch sehr gegenwärtigen Vergangenheit zu machen.

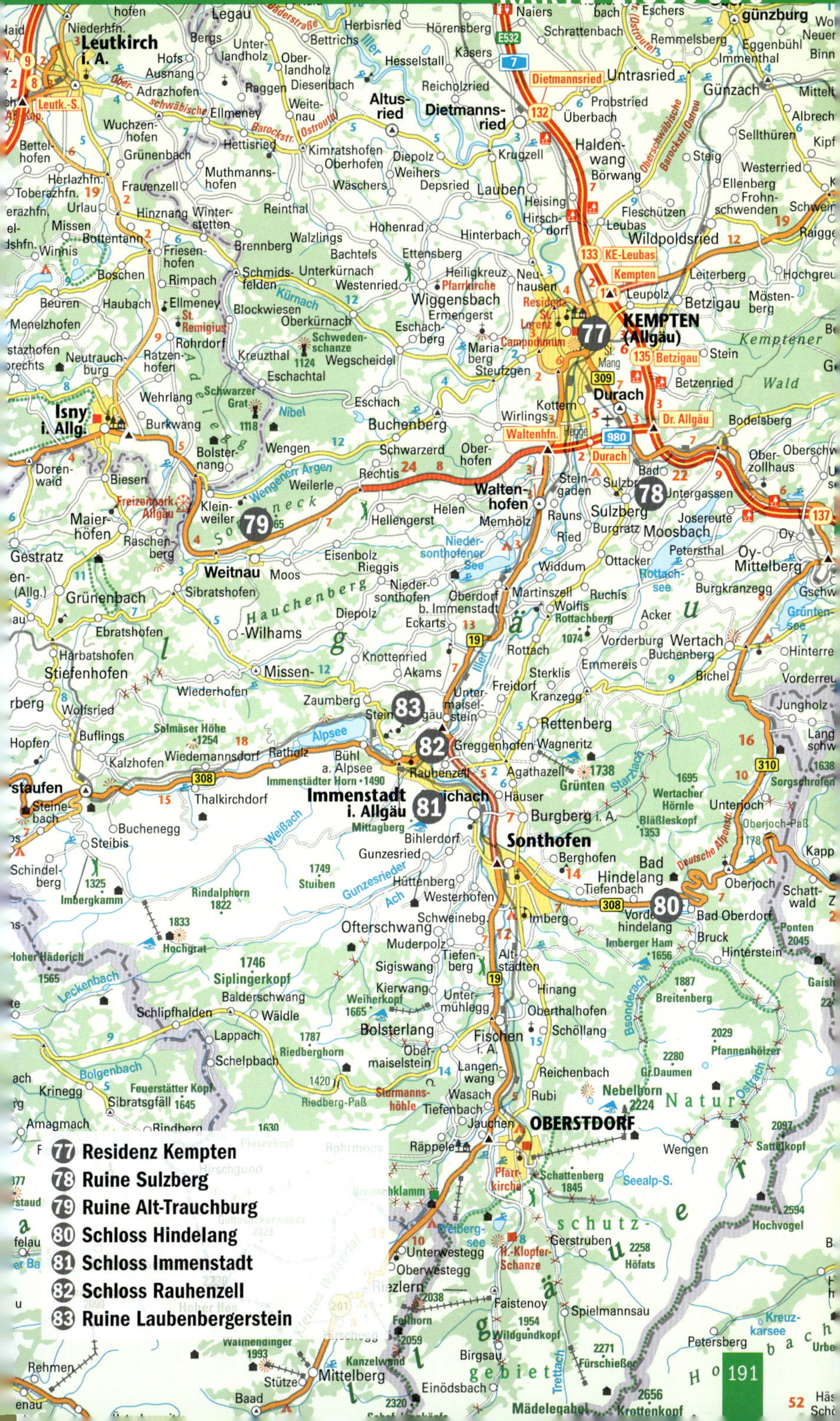
77 Residenz Kempten
78 Ruine Sulzberg
79 Ruine Alt-Trauchburg
80 Schloss Hindelang
81 Schloss Immenstadt
82 Schloss Rauhenzell
83 Ruine Laubenbergerstein
Leutkirch i. A.
Isny i. Allg.
KEMPTEN (Allgäu)
Waltenhofen
Durach
Sulzberg
Wiggensbach
Buchenberg
Weitnau
Immenstadt i. Allgäu
Sonthofen
Bad Hindelang
OBERSTDORF
Alpsee
Grünten
Nebelhorn
Kemptener Wald
Adelegg
Hauchenberg
Riezlern
Mittelberg

Residenz Kempten

Die barocke Residenz birgt weitestgehend original erhaltene Prunkräume wie den Thronsaal, den größten Repräsentationsraum. Rechts unten: Blick vom Hofgarten, der einst barocken Gartenanlage der Residenz, auf die Basilika St. Lorenz; im Bild darunter die Orangerie, die heute die Stadtbücherei beherbergt.

Das ehemalige Benediktinerkloster, heute Behördensitz, ist eine beeindruckende Vierflügelanlage aus der Zeit der zweiten Hälfte des 17. Jahrhunderts. Sie gilt nicht nur als die erste Klosteranlage des süddeutschen Barock, sondern auch als die erste monumentale Klosteranlage Deutschlands, die nach dem 30-jährigen Krieg errichtet worden ist.

1632 zerstörten schwedische Truppen große Teile der mittelalterlichen Klosteranlage der 752 gegründeten Benediktinerabtei. Ein Neubau erfolgte ab 1651 unter Fürstabt Roman Giel von Gielsberg nach Plänen des Vorarlbergers Michael Beer, der bis 1653 den Nordwestflügel aufführte. In seiner Nachfolge lag für die Jahre 1654 bis 1670 die Bauleitung bei dem Graubündener Johann Serro. 1668 war die Anlage so weit fertig gestellt, dass der Fürstabt seine Räume beziehen konnte. 1674 folgte die Übersiedlung des Konvents aus Schloss Schwabelsberg in diesen Neubau. Umgestaltungen der Innenräume erfolgten im 18. Jahrhundert: unter Fürstabt Anselm Reichlin-Meldegg die fürstäbtlichen Zimmer (1733–1735) und der Thronsaal (1740–1744), unter Fürstabt Engelbert von Syrgenstein die Gästezimmer (um 1760).

Nach der Säkularisation 1803 wurde der Nordteil als Schlosskaserne verwendet, der Südteil wurde Sitz verschiedener Behörden. Während kurz vor 1900 der Außenbau erneuert wurde, erfolgten Renovierungen des Thronsaales 1939/40, der Abtei- und Gästezimmer 1953/56. Nur wenige Jahre später wurde der Außenbau nochmals einer Renovierung unterzogen. Der Hofgarten, einst die barocke Gartenanlage der Residenz, wird durch die ehemalige Orangerie abgeschlossen. Heute befindet sich in diesem Gebäude die Stadtbücherei.

Die zuletzt 1991/92 renovierten Prunkräume bestehen von Ost nach West aus Thron- oder Festsaal, Bibliothek, Audienzzimmer, Tagzimmer und Schlafkabinett. Höhepunkt einer Führung ist ohne Zweifel der Thronsaal, der als einer der „qualitätsvollsten Räume des bayerisch-schwäbischen Rokoko" (Dehio) gilt. Die Stuckaturen (1740–1742) dieses Saales stammen von Johann Georg

Üblher, die Deckenmalereien (1742–1744) von Franz Georg Hermann. Die künstlerische Ausstattung dieses Raumes folgt einem Programm und einer Idee: der Selbstdarstellung des Fürststiftes.

Nicht weit von Kempten entfernt liegt Schloss Lenzfried. Es wurde 1582 von dem Kemptener Patrizier Felix Klamer erbaut. 1762 verkaufte es Graf Johann Nepomuk Fugger an das Stift Kempten, das es nach dem Abbruch im Jahre 1770 von Fürstabt Honorius Roth von Schreckenstein neu errichten ließ. An dem zweistöckigen Massivbau mit einem Mansarddach befindet sich über dem Eingang das Wappen des Erbauers mit der Jahreszahl 1770.

HINWEIS

Residenzplatz 4–6, 87435 Kempten, Infos unter Tel. 08 31/25 62 51. Führungen durch die Prunkräume von April bis September von 9–16 Uhr, Okt. 10–16 Uhr, Nov., Jan. bis März nur samstags 10–16 Uhr. Montags geschlossen.

Südwestlich des Ortes Sulzberg liegt die gleichnamige, überaus sehenswerte Burgruine. Sie gilt als eine der am besten erhaltenen und größten Ruinen des Allgäus und ist deshalb als Anschauungsobjekt für den mittelalterlichen Burgenbau besonders geeignet. Teile der Ringmauer, unterbrochen durch einzelne Rundtürme, sind ebenso noch zu sehen wie der rechteckige Bergfried und Mauerreste von Palas und Kemenate.

Besitzgeschichtlich stand die Burg seit dem 16. Jahrhundert in Zusammenhang mit dem Fürststift Kempten. Die Anfänge der Burganlage gehen aber wohl auf die Herren von Sulzberg zurück, die 1176 erstmals erwähnt werden. Wie lange sie hier ansässig waren, ist ungeklärt. Vielleicht hatten sie bis 1358 die Burg inne, denn belegt ist, dass in den Jahren 1358 bis 1525 die Herren von Schellenberg in Besitz der Burg Sulzberg waren. Unter Marquard von Schellenberg wurde die Burganlage im Jahre 1480 erweitert und zum Schloss „Sigmundsruh“ ausgebaut. 1526 verkauften die Schellenberger die Anlage an das Fürststift Kempten, das damals von Fürstabt Sebastian von Breitenstein regiert wurde. In der Folgezeit residierten hier bis 1648 die Vögte des Fürststiftes, dann

wurde die Burg dem allmählichen Verfall preisgegeben.

1984 begannen die umfassenden Restaurierungsmaßnahmen, die den endgültigen Verfall der Anlage stoppten und sie wieder für die Öffentlichkeit zugänglich machten. Auch wenn die intensiven Ausbaumaßnahmen im Zuge der Sanierung nicht unumstritten geblieben sind – das Resultat kann sich sehen lassen. Die Ergebnisse der Forschungsarbeiten, die unter der Aufsicht von Dr. Zeune erfolgten (damals noch Lehrstuhl für Archäologie des Mittelalters und der Neuzeit, Universität Bamberg, heute Büro für Burgenforschung), liegen seit 1995 in Buchform vor. Davon profitierte nicht zuletzt das im Bergfried auf vier Stockwerken eingerichtete sehenswerte Burgmuseum, von dem aus auch ein herrlicher Rundblick möglich ist.

HINWEIS

Informationen beim Verkehrsamt
Markt Sulzberg, Rathausplatz 4,
87477 Sulzberg, Tel. 0 83 76/9 20 10;
Geöffnet Mai bis Oktober an Sonn- und Feiertagen 13.30–16.30 Uhr.
Näheres unter Tel. 0 83 76/9 20 10.

RUINE ALT-TRAUCHBURG

Im gleichen Atemzug mit der Ruine Sulzberg muss auch die Ruine Alt-Trauchburg genannt werden. Versteckt im Wald liegt sie gut erhalten auf einem Bergkamm in der Nähe des Ortes Klein-Weiler. Ein geteerter Weg führt über etwa drei Kilometer hinauf zur Ruine.

Die Anfänge der Burg sind aus den archivalischen Quellen nicht eindeutig zu fassen. Zu belegen ist aber, dass sich um 1150 das Edelfreiengeschlecht der Rettenberger geteilt hat und sich eine Nebenlinie von nun an nach ihrem Ansitz, der Trauchburg, nannte. 1166 werden Berthold und Heinrich von Trauchburg urkundlich erwähnt. Nur fünf Jahre später teilten die beiden Brüder ihren Besitz. Heinrich gründete eine eigene Linie mit Sitz auf der nahe gelegenen Burg Hohenegg bei Ebratshofen, sodass von nun an die beiden Herrschaften Trauchburg und Hohenegg die Geschicke der Region bestimmten. Außer wenigen Mauerresten ist von der Burg Hohenegg heute aber nichts mehr erhalten. Berthold blieb auf der Trauchburg. Im Jahre 1258 wurden Burg und Herrschaft Trauchburg an die Grafen von Veringen verkauft, die sie ihrerseits den Truchsessen von Waldburg als Lehen vergaben und 1306 an diese verkauften. Von da an saß hier die Linie Waldburg zu Trauchburg. Die Burg überstand die Kriege der folgenden Jahrhunderte ohne nennenswerte Schäden. Als sie aber im Jahre 1772 in den Besitz der Linie Waldburg-Zeil kam, hatte dem mächtigen Bergschloss das „letzte Stündlein geschlagen“. Denn die neuen Besitzer ließen die mächtige Anlage zur Gewinnung von Bausteinen abtragen, um daraus unter anderem auch das Schloss Neu-Trauchburg bei Isny errichten zu lassen. Dem damit eingetretenen Verfall konnte erst in den Jahren 1985/86 Einhalt geboten werden, nachdem die Gemeinde Weitnau zusammen mit einer Reihe weiterer Institutionen die Sanierung der Anlage in Angriff nahm. 1998 waren die Arbeiten weitgehend abgeschlossen.

Alt-Trauchburg, eine didaktisch hervorragend aufbereitete, sehenswerte Burgruine

HINWEIS

Die Burgruine ist jederzeit frei zugänglich. Im Sommer sind Führungen möglich, Infos unter Tel. 0 83 75/92 02 23. Burggaststätte vor der Ruine, Infos unter Tel. 0 83 75/80 46

Die damit einhergehenden Forschungsarbeiten brachten interessante Einzelheiten zu Tage. So weiß man jetzt, dass die ältesten Bauteile der heute sichtbaren Anlage bis in die Jahre nach 1200 zurückgehen. Aus diesem Grund muss die Anlage von „1150“ wohl an anderer Stelle gestanden haben. Weiterhin können drei Bauphasen unterschieden werden. Kurz nach 1306 bauten die Truchsessen von Waldburg die neu erworbene Burg in großem Stile aus. Mitte des 16. Jahrhunderts wurde die Burg „modernisiert“, d.h. der neuen Kriegstechnik angepasst und schließlich zeigt ein kurz vor dem Abriss 1784 angefertigter Grundriss die umfangreichen Bauteile und Raumfunktionen. Kurz: was damals der Spitzhacke zum Opfer fiel, war ein stattliches Bergschloss mit allen Einzelheiten, die eine im Laufe der Zeit gewachsene Burganlage ausgemacht haben.

Zu der spannenden Baugeschichte der Burg soll demnächst eine ausführliche Monographie unter Federführung des Büros für Burgenforschung Dr. J. Zeune erscheinen.

Wer aufmerksam durch den idyllisch gelegenen Ort Bad Hindelang bummelt, dem wird inmitten des Ortes ein imposantes Gebäude auffallen. Das ehemalige fürstbischöfliche Schloss in Hindelang wurde unter Fürstbischof Sigismund Franz Erzherzog von Österreich (1646–1665) errichtet. Nach Ausweis der Jahreszahl am Portal war es 1660 vollendet. Das Schloss diente von nun an den Fürstbischöfen von Augsburg als Jagdschloss und Sommerresidenz, um von dort aus Ausflüge in die Umgebung zu unternehmen. Insbesondere Fürstbischof Klemens Wenzeslaus

von Augsburg verbrachte von 1798 an bis zu seinem Tod 1812 jährlich mehrere Wochen in Hindelang und zwar in Begleitung seiner Schwester, der Prinzessin Kunigunde, und der Herzogin Amalia von Zweibrücken.

Mit der Säkularisation des Fürstbistums Augsburg 1805 fiel das Schloss an das Kurfürstentum und – seit 1806 – Königreich Bayern. Seit 1816 gehörte das Schloss mit seinen Nebengebäuden zu dem damals gegründeten Militärfohlenhof und kam nach dessen Auflösung 1827 in Privatbesitz. 1844 wurden in dem stattlichen, dreigeschossigen, massiven Bau eine Brauerei und eine Gaststätte eingerichtet. Nach einer Erweiterung durch einen Treppenanbau verlegte man 1921 das Rathaus in das einstige Jagdschloss der Fürstbischöfe von Augsburg. An der Südseite des Gebäudes befindet sich der ehemalige Wirtschaftshof mit dem einstigen Stutenhof, in dem ein Wappenfresko des Fürstbischofs Joseph Landgraf von Hessen-Darmstadt zu sehen ist. Im ersten Stock des Rathauses befindet sich die ehemalige Hauskapelle mit schönen Gewölbestuckaturen und dem Wappen des Fürstbischofs von Freyberg.

HINWEIS

Rathaus, Marktplatz 9, 87541 Bad Hindelang. Zu besichtigen während der Dienstzeiten des Rathauses.
Auskunft durch die Gästeinformation Bad Hindelang unter Tel. 0 83 24/89 20

Die Baugeschichte des Schlosses in Immenstadt am Marktplatz wird greifbar Mitte des 16. Jahrhunderts. Um 1550 ließ nämlich Graf Hugo XII. von Montfort in der Ortsmitte ein Amtshaus errichten. Heute besteht das Gebäude auf der Ostseite aus zwei unterschiedlichen Baukörpern. Das Ost-Süd-Gebäude mit der Jahreszahl „1550" dürfte wohl das erste „Rats- und Amtshaus" gewesen sein. Zwischen 1604 und 1620 ließ Georg Freiherr zu Königsegg, der bis dahin im gegenüberliegenden Alten Hof wohnte, das Ost-Nord-Gebäude mit Erker errichten. Baumeister war wohl der aus Lindau stammende Esaias Gruber d. J. Der Südflügel dagegen dürfte erst im ausgehenden 17. oder beginnenden 18. Jahrhundert angefügt worden sein. Im Jahre 1746 schließlich ließ Graf Hugo Franz zu Königsegg-Rothenfels den Westflügel errichten, der jedoch 1973 abgerissen wurde.

1805 fiel das Schloss an Österreich, 1806 an das Königreich Bayern. Es wurde nun Sitz eines kgl. Landgerichts und diente auch dem Vorstand sowie seiner Familie als repräsentative Wohnung. Seinen neuen Funktionen angepasst, wurde das Gebäude im 19. Jahrhundert im Inneren stark verändert. 2005 erwarb die Stadt Immenstadt vom bayerischen Staat das Schloss. Heute sind hier die Stadtbibliothek und das staatliche Vermessungsamt untergebracht. Beachtenswert: die Stuckarbeiten im Festsaal, die in der Zeit um 1725/30 entstanden sind. Um 1590 wurde durch Georg Freiherr zu Königsegg hinter dem Schloss ein „Lust- und Baumgarten" mit einer Fläche von 5962 Quadratmetern angelegt. 1928 ging die zwischenzeitlich deutlich veränderte und teilweise überbaute Anlage des Hofgartens in das Eigentum der Stadt über. Der verbliebene Rest des Hofgartens ist heute als kleine innerstädtische Parkanlage der Öffentlichkeit zugänglich.

HINWEIS

Immenstädter Stadtschloss, Marienplatz, 87509 Immenstadt. Der Schlosssaal ist während der Öffnungszeiten der Stadtbibliothek zu besichtigen. Vorher aber unbedingt Auskunft einholen beim Gästeamt, Marienplatz 12, Tel. 08323/914176, E-Mail: info@immenstadt.de;
Burgcafé Werdenstein, Tel. 08379/7491, E-Mail: info@schlosshof-werdenstein.de

Oben: Stuckarbeiten des Festsaales
Unten: Der Luftkurort Bühl am Großen Alpsee, einem der größten Naturseen des Allgäus

Nordwestlich von Immenstadt, oberhalb der Straße nach Missen, befindet sich die Ruine Rothenfels. 1566 kam das im 15. Jahrhundert nach einem Brand wieder aufgerichtete Gebäude an die Grafen zu Königsegg, die aber zu Beginn des 17. Jahrhunderts ihren Wohnsitz in das Immenstädter Stadtschloss verlegten. 1801 begann man mit den Abbrucharbeiten des leer stehenden Schlosses Rothenfels. Wie von der ehemaligen Burg Rothenfels sind auch von der benachbarten Burg Hugofels nur noch wenige Überreste vorhanden. Und schließlich wäre noch die Ruine der einstigen Burg Werdenstein zu erwähnen, die sich als Ausflugsziel wegen des schön gelegenen Burg-Cafés besonders anbietet.

SCHLOSS RAUHENZELL

Kirche, Kapelle und Schloss bilden ein reizvolles und sehenswertes Ensemble im Dorf Rauhenzell bei Immenstadt. Südöstlich der kath. Pfarrkirche St. Othmar liegt Schloss Rauhenzell, heute im Besitz der Familie der Freiherren von Lerchenfeld. Das ansehnliche Gebäude geht zurück auf das Jahr 1555. Damals wurde der dreigeschossige Rechteckbau mit seinen Schweifgiebeln von den Herren von Laubenberg neu erbaut, nachdem ihr bisheriger Ansitz, die nahe gelegene Burg Rauhlaubenberg, im Jahre 1579 durch einen Brand stark beschädigt worden war. Teile der Ruine dieser Burganlage sind heute noch erhalten. 1647 kam Schloss Rauhenzell nach dem Aussterben der Laubenberger an Freiherrn Johann Andreas Pappus von Tratzberg. Unter Wilhelm von Pappus-Tratzberg wurde das Schloss in den Jahren 1878/79 umgebaut, das Äußere in historisierender Weise in der Formensprache des Barock gestaltet und die Seitenmauern wurden erhöht.

In der Stadtpfarrkirche befinden sich mehrere Grabsteine von Familienmitgliedern des Hauses Pappus-Tratzberg. Von besonderem Interesse ist dabei der Gedenkstein für Rupert Pappus von Tratzberg, kgl. bayerischer Kämmerer und fürstlich Oettingen-Wallerstein'scher Hofmarschall (1790–1852).

Südlich neben der Pfarrkirche steht die 1903/04 nach Entwurf von Hans Schurr, München, errichtete Grabkapelle der Freiherren von Pappus-Tratzberg. Es handelt sich hierbei um einen neubarocken Bau mit geschwungenem Giebel.

Die schon erwähnte Ruine Rauhlaubenberg liegt nordöstlich des Ortes im Wald auf einem ringsum abfallenden Hügel. 1579 war die Burg – wie oben dargelegt – durch einen Brand zerstört worden. Erhalten sind Mauerreste des ehemaligen Wohnturmes und ein Teil der Ringmauer.

HINWEIS

Das Schloss ist in Privatbesitz und kann nicht besichtigt werden.

Rekonstruktionsversuch der Burg Laubenbergerstein um 1500 mit dem Torzwinger im Vordergrund (Dr. J. Zeune)

Südwestlich von Stein bei Immenstadt liegt die einstige Burg Laubenbergerstein, die räumlich wie familiengeschichtlich in engem Zusammenhang zur einstigen Burg Rauhlaubenberg stand. Ihre heute noch erhaltenen, mittlerweile freigeholzten und wieder weithin sichtbaren Überreste lassen etwas von der früheren Größe und Wehrhaftigkeit der Anlage erahnen. Es kommt also nicht von ungefähr, wenn die Burg als eine der bedeutendsten Burganlagen im Allgäu bezeichnet wird.

Ihre Anfänge reichen in das 14. Jahrhundert zurück. Belegt ist, dass das Geschlecht der Laubenberg auf Stein im 14. Jahrhundert unter den Ministerialen der Klöster St. Gallen und Reichenau auftrat. 1424 erscheint die Burg als Lehen des Bischofs von Augsburg. Im Jahre 1449 wurde sie von Hugo von Montfort, der damals auf der benachbarten Burg Rothenfels saß, dreimal überfallen, wobei selbst Teile des Inventars zerstört wurden, wie zeitgenössische Quellen belegen. Gegen 1460 erfolgte der Ausbau der bisherigen Turmburg zu einer wehrhaften Anlage mit einem gewaltigen Artilleriedonjon, einem imposanten Torzwinger und einer spektakulären Auffahrt in die Hauptburg. Zugleich entstand die kleine Burgkapelle, deren herrlicher Flügelaltar 1464 gestiftet wurde. 1525 wurde die Burg von aufständischen Bauern erobert. Als die 1588 in den Freiherrenstand erhobe-

nen Laubenberger im Jahre 1559 ihren Wohnsitz in das neu erbaute Schloss Rauhenzell verlegten, wurde ihre nun nicht mehr bewohnte Stammburg dem Verfall preisgegeben. 1641 verkaufte Margaretha von Laubenberg Steine und Dachziegel aus der offengelassenen Anlage, die schon wenige Jahre später als „Burgstall" bezeichnet wurde.

Die erhaltenen Reste, aber vor allem eine aus dem Jahr 1629 stammende Beschreibung, lassen Aussehen und Gestalt der Burg gut rekonstruieren. Demnach bestand sie aus einem Vorhof mit Waschküche und Badstube sowie aus einem Zwinghof mit zwei Burgtoren und einem viergeschossigen Torturm. Dazu gehörten eine Kornschütte und die Burgkapelle sowie ein Holzsteg zur Kernburg. Diese wiederum bestand aus einem Haupt- und Vorhaus, einem Rundturm mit Gefängnis, Küche und Stuben, aus Marstall, Kellergewölben, Gemächern und Kammern (Zeune). Alles in allem also eine wirklich stattliche Anlage. – 1977 erwarb der Heimatverein Immenstadt mit Hilfe der Stadt die Ruine aus Privatbesitz und begann mit umfangreichen Renovierungsarbeiten, die nun seit mehreren Jahren in den bewährten Händen des Büros für Burgenforschung Dr. Zeune liegen.

HINWEIS

Führungen: Samstagnachmittag von Juni bis September, Burgfest am zweiten Wochenende im August,
E-Mail: RuineLaubenberg@aol.com

Schloss Isny, heute eine Kunsthalle

Auch vom Oberallgäu aus ist ein Blick über die Landesgrenze überaus lohnenswert. Die von hier aus schnell zu erreichenden Schlösser könnten durchaus zum Pflichtprogramm eines jeden Burgen- und Schlösserliebhabers zählen. Eine Auswahl fällt schwer: welches Schloss soll man nennen, wie weit soll man gehen?

Schloss Isny, ein ehemaliges Benediktinerkloster, kam 1803 im Zuge der Säkularisation in den Besitz des Reichsgrafen Otto von Quadt-Wykradt und diente der Familie Quadt-Wykradt und Isny bis 1942 als Wohnsitz. Heute wird das Schloss als Kunsthalle genutzt.

Zwischen Wangen und Lindau liegt das erst jüngst renovierte ehemalige Deutschordensschloss Achberg, das heute für Ausstellungen und Konzerte genutzt wird.

In den Jahren 1723 bis 1728 wurde das Schloss in Bad Wurzach errichtet. Die Dreiflügelanlage verfügt über ein imposantes barockes Treppenhaus.

Die Waldburg bietet einen herrlichen Rundblick bis zum Bodensee und zu den Alpen. Sie stammt aus dem 12. Jahrhundert und beinhaltet heute ein sehenswertes Museum. In jedem Stockwerk wird ein Aspekt der Geschichte des Hauses Waldburg in informativer Weise dargestellt.

Schloss Zeil ging aus einer mittelalterlichen Burganlage hervor. Es ist heute noch Wohnsitz der fürstlichen Familie Waldburg-Zeil und kann deshalb nur von außen besichtigt werden. Park und Schlosskirche sind jedoch frei zugänglich.

Schloss Wolfegg wurde ab 1578 errichtet, nachdem ein Vorgängerbau durch einen Brand zerstört worden war. Die sehenswerten Schauräume können im Rahmen von Konzerten besichtigt werden.

Literatur:

Behrer, Christian, Burg Sulzberg, Altusried 1995
Dehio, Georg, Handbuch der deutschen Kunstdenkmäler Bayern III: Schwaben, bearb. von Bruno Bushart und Georg Paula, München, Berlin 1989
Petzet, Michael, Stadt und Landkreis Kempten (Bayerische Kunstdenkmale V), München 1959
Ders., Die Kunstdenkmäler von Bayern, Reg. Bez. Schwaben VIII. Landkreis Sonthofen, München 1964
Wagner, Helga, Pfistermeister, Ursula, Barocke Festsäle in bayerischen Schlössern und Klöstern, München 1974
Zeune, Joachim, Burgwanderweg Alt-Trauchburg, Buchenberg 1998. Erhältlich über die Gemeinde Weitnau, Hauchenbergweg 6, 87480 Weitnau
Ders., mehrere Beiträge zu „Burgensanierungen im Allgäu“ in der Zeitschrift „Heimat Allgäu“ des Allgäuer Heimatvereins, Westendstraße 21, 87439 Kempten. Dort sind die Hefte zu beziehen.

Schloss Achberg bietet ein sehr reichhaltiges Kulturangebot.

Die Waldburg beherbergt ein sehenswertes Burgmuseum.

Im Neuen Schloss Kißlegg ist das Werk des Holzbildhauers Rudolf Wachter untergebracht.

Wasserburg

Im Landkreis Lindau findet der Burgen- und Schlösserliebhaber nur wenige Beispiele gut erhaltener Burgen und Schlossbauten. Schloss Syrgenstein ist im Grund genommen das einzige Schloss, das in dieser Region heute noch als Wohnsitz einer adeligen Familie genutzt wird. In der Literatur wird wohl eine Reihe von Burgställen aufgezählt und auch einige Burgruinen werden erwähnt, an erhaltenen Schlössern werden dagegen neben Syrgenstein nur noch Wasserburg, Senftenau als ein ehemaliges Wasserschloss, das Schachenschlössle in Hoyren und das Montfort-Schlössle Streitelsfingen genannt – wobei anzumerken ist, dass sie heute ganz unterschiedlich genutzt werden.

Hier am Bodensee herrscht dafür eine ausgesprochene Villenkultur mit zum Teil großen und schönen Gartenanlagen. Die zahlreichen Schlösser und Villen in Äschach, Hoyren und Reutin auf dem Festland gegenüber der Insel geben ein illustres Bild der Lebens- und Wohnkultur des 19. und frühen 20. Jahrhunderts in ganz unterschiedlicher Architektursprache. Aus der Vielzahl dieser imposanten Wohnbauten sind in diesem Zusammenhang nur die Villa Lindenhof, 1842 bis 1845 als Sommersitz eines Lindauer Kaufmanns erbaut, und die Villa Alwind als ein spätklassizistisches Landhaus genannt.

Wer hier die historische Geographie erkundet, wird schnell erkennen, dass in diesem Raum eine frühe Besiedlung stattgefunden hat. Eine Reihe von Orten wurde schon im 8. und 9. Jahrhundert erstmals urkundlich erwähnt: zum Beispiel Wasserburg im Jahre 784, Schachen 834, Lindenberg 857, Opfenbach 872 und Weiler 894. Waren einst weite Gebiete des heutigen Landkreises unter der Herrschaft der Klöster St. Gallen und Mehrerau bei Bregenz, aber auch der Stadt Lindau, so kamen im späten Mittelalter weite Gebietsteile in den Besitz der Habsburger, der Grafen von Montfort und der Fugger. Untersucht man diese Verschiebungen im Machtgefüge der führenden Herrschaften, dann fällt auf, dass das Haus Montfort im Laufe der Zeit große Teile seiner Herrschaft an das Haus Habsburg verloren hat. 1523 verkaufte nämlich Graf Hugo XII., damals alleiniger Inhaber der schwäbischen Güter der Familie Montfort, seine Herrschaft um 25.000 Gulden an Erzherzog Ferdinand von Österreich. Während das Haus Montfort also – nicht zuletzt auch durch einzelne Linienteilungen – dem Rivalen Österreich unterlegen war, konnte das Haus Habsburg seinerseits zur dominierenden Territorialmacht in dieser Region aufsteigen. Ging es den Habsburgern darum, eine territoriale Brücke zu den schwäbischen Besitzungen einerseits und zur Eidgenossenschaft andererseits zu schlagen, so waren die Territorien der Montforter überaus begehrenswerte Objekte, um diese Ziele zu erreichen.

Im Gefüge dieser mächtigen Territorialherren konnte der ritterschaftliche Adel kaum bestehen. So gelang es auch nur den Herren von Altlaubenberg und ihren Nachfolgern, den Freiherren von Pappus zu Tratzberg, die ja auch im Oberallgäu eine Rolle spielten, eine eigenständige Landesherrschaft aufzubauen. Die Herren von Horben konnten dagegen ebenso wie die Syrgen von Syrgenstein keine bedeutenden Herrschaften errichten, auch wenn – wie im Falle der Syrgen von Syrgenstein – eine der schönsten Schlossanlagen des Landkreises auf diese Familie zurückgeht. Woher die Familie stammt, ist nicht eindeutig geklärt, sicher aber waren sie Dienstmannen des Klosters St. Gallen und gehörten in der Stadt Ravensburg zu den führenden Familien. Und nicht zuletzt errichteten sie Ende des 15. Jahrhunderts mit Veit Syrg die Burg Syrgenstein als ihren Stammsitz.

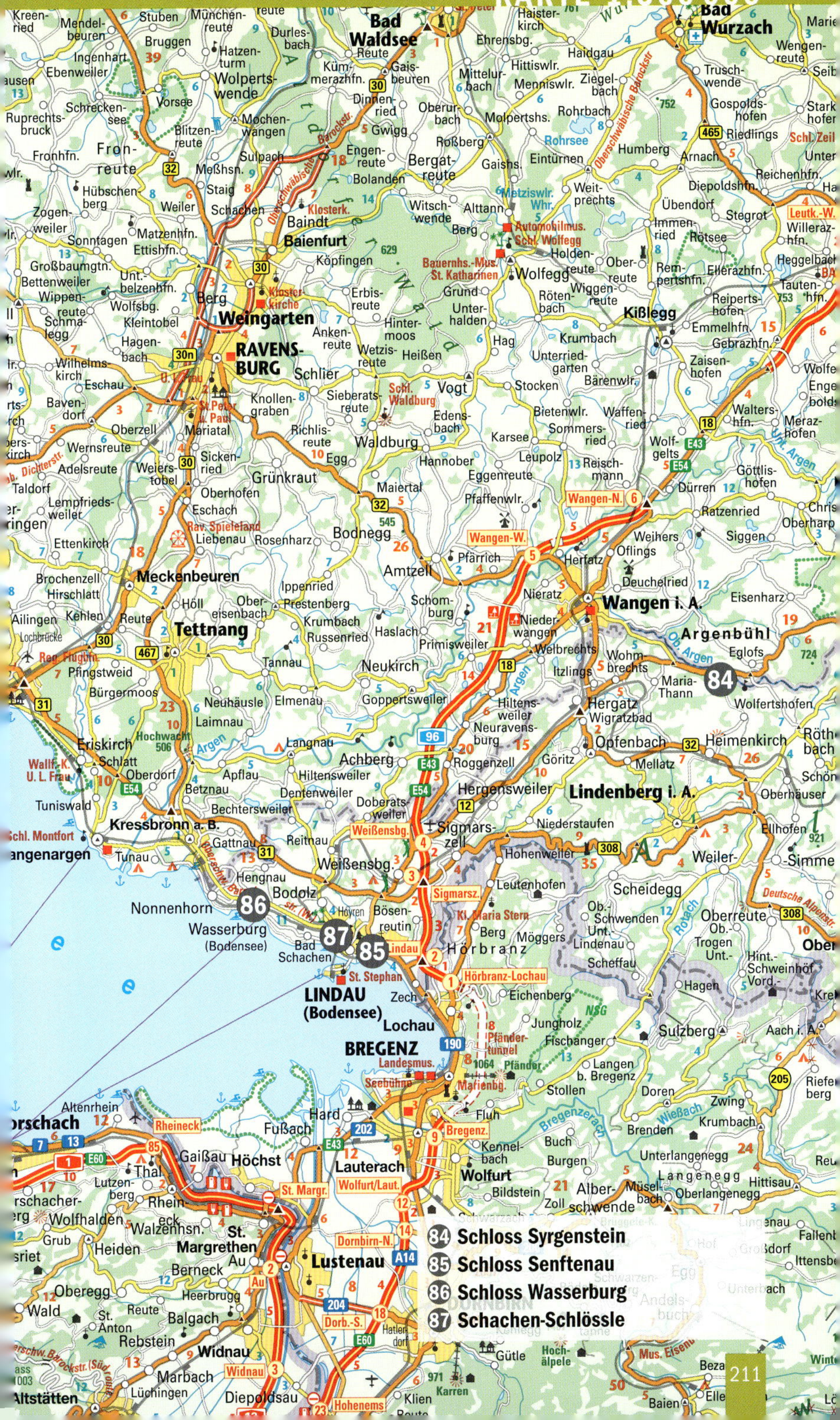
84 Schloss Syrgenstein
85 Schloss Senftenau
86 Schloss Wasserburg
87 Schachen-Schlössle

Die Angaben zur Frühgeschichte der Burg Syrgenstein sind nicht eindeutig. Es spricht jedoch einiges dafür, dass im Juni des Jahres 1491 die Grundsteinlegung zum Bau des heutigen Schlosses stattgefunden hat. Bauherren waren Veit Syrg, Küchenmeister Kaiser Friedrichs III., und seine Gemahlin erster Ehe, Ursula Humpiß, eine reiche Ravensburger Kaufmannstocher. Hans Ulrich, der Sohn des Veit Syrg, setzte den beim Tod des Vaters noch unvollendeten Bau fort. Nach einer Jahreszahl im Bibliothekszimmer wurde er 1539 vollendet. Größere Umbauten erfolgten um 1740 am Südwestflügel. 1924 wurde der gesamte Südwesttrakt mit der Einfahrt und dem vierten Turm umgestaltet.

1265 erfolgte im Einkunftsbuch von St. Gallen die erste Nennung einer Burg in Syrgenstein. Burg und Zubehör waren bis zum Ende des Mittelalters Lehen des Klosters. Erst ab dem 16. Jahrhundert ist die Herrschaft Syrgenstein als österreichisches Mannlehen im Range einer Reichsritterschaft des Kantons Hegau-Allgäu-Bodensee nachweisbar.

Für das Jahr 1304 liegt die erste Nennung des Geschlechts der Syrgen von Syrgenstein mit den Brüdern Rudolf und Ludwig vor. 1647 wurde die Familie in den Reichsadelsstand erhoben, im Jahre 1892 starb sie im Mannesstamm aus. Jahrhundertelang verblieb die Anlage im Besitz der Familie bis sie 1820 von Gräfin Charlotte von Weinbach, einer geborenen Freiin von und zu Syrgenstein, verkauft wurde.

Im Jahre 1913 wurde Schloss Syrgenstein nach mehrfachem Besitzerwechsel Eigentum des Grafen Georg von Waldburg-Zeil-Hohenems. Nach seinem Tod im Jahre 1955 ging es auf seinen Sohn Joseph Graf von Waldburg-Zeil-Hohenems über.

Die Baugeschichte der heute schlossartigen Dreiflügelanlage mit dem fünfeckigen Hauptgebäude kann nur ungenügend erforscht werden, da wesentliche Archivalien verloren gegangen sind. So soll im 15. Jahrhundert die Anlage zweimal abgebrannt sein, wobei allerdings ein Brand von 1490 mit einer erhaltenen Bauinschrift in Verbindung gebracht werden kann. Nach einer weiteren, im Bibliothekssaal erhaltenen Jahreszahl dürfte der Wiederaufbau im Jahre 1539 im Wesentlichen abgeschlossen gewesen sein. Zeigen Keller und Untergeschoss noch spätgotischen Baucharakter, so sind die beiden Obergeschosse der Zeit um 1530 zuzuordnen.

Mit guten Gründen kann Schloss Syrgenstein heute als eine spätgotische Wehrburg

bezeichnet werden, bei der neben der Wehrhaftigkeit die Bewohnbarkeit und damit auch ein gewisses Maß an Bequemlichkeit eine Rolle spielten. Die Anlage zählt, wie oben schon angesprochen, zu den wenigen erhaltenen Schlossburgen im Allgäu. Die Vertäfelung im Bibliothekszimmer gilt als ein Meisterwerk der Raumausstattung der deutschen Renaissance. Überhaupt verdienen die meist mit Holzvertäfelungen und Holzdecken ausgestatteten Innenräume des Schlosses große Beachtung. Besonders erwähnenswert ist die durch die Stockwerke führende eichene Barocktreppe. Erhalten ist auch die dem hl. Veit geweihte gotische Kapelle.

HINWEIS

Das Schloss ist in Privatbesitz und kann nicht besichtigt werden.

Die einstige Wasserburg Senftenau liegt am Nordostrand von Aeschach, einem Ortsteil der Stadt Lindau. Sie gilt als eine der wenigen vollständig erhaltenen Wasserburgen der Bodenseeregion, auch wenn der die Burg einst umgebende Weiher lange Zeit ausgetrocknet war. Verschiedene Umbauten konnten den Charakter der Vierflügelanlage, deren Gebäudeteile um einen malerischen Hof gruppiert sind, nicht entscheidend verändern.

Günter Schmitt datiert die Entstehung der Wasserburg, früher als bisher angenommen, in den Zeitraum zwischen 1150 und 1250. Die erste urkundliche Erwähnung der Burg datiert freilich erst aus dem Jahre 1344. Damals übertrugen die Grafen von Montfort Senftenau und die Herrschaft Oberstaufen an Kaiser Ludwig den Bayern.

In der Folgezeit wurde die Anlage als Lehen des Stiftes in Lindau vergeben. In der Reihe der Lehensleute finden sich neben Adeligen auch begüterte Lindauer Bürger. Ein Beispiel für das 15. Jahrhundert: 1480 erwarb Jos Humpiss, ein Mitglied der vermögenden und einflussreichen Ravensburger Patrizierfamilie, die stattliche Burganlage.

Mitte des 19. Jahrhunderts kam die Burg in den Besitz der Stadt Lindau. Mit dem Dichter und Philosophen Bruno Wille zog 1915 eine überaus interessante Persönlichkeit in Senftenau ein. Wille ließ das Dachgeschoss im Südflügel zur Bibliothek ausbauen und Fremdenzimmer einrichten. Nach seinem Tod im Jahre 1928 schenkte seine Witwe Emmy Wille die Burg dem Roten Kreuz. 1984 erwarb

Dr. Hilmar Jobst Burg Senftenau von der Stadt Lindau. Bis 2000 erfolgten daraufhin umfangreiche Sanierungsarbeiten. Beispielsweise ist die ausgeholzte Weiherfläche teilweise wieder mit Wasser gefüllt worden. Gartenpavillon und Dächer wurden saniert.

HINWEIS

Schloss Senftenau, 88131 Lindau, Ortsteil Aeschach.
Das Schloss ist in Privatbesitz und kann nicht besichtigt werden.

Schloss Wasserburg

Bereits für das Jahr 924 ist hier eine Burg des Klosters St. Gallen nachweisbar, von der heute aber nur noch Reste im Kern des heutigen Schlossbaus sowie verschiedene Fundobjekte im Heimatmuseum erhalten sind. Allerdings blieb die Lehensherrschaft des Klosters noch lange Zeit bestehen, denn bis zum Jahre 1280 waren Burg und Herrschaft Wasserburg vom Kloster St. Gallen an die Herren von Kissleg verlehnt. In diesem Jahr nun erwarben Ulrich und Marquard von Schellenberg Wasserburg von Berthold von Kissleg und ließen bald darauf das Schloss neu errichten. Diese neue Anlage wurde allerdings 1358 auf Betreiben der Stadt Lindau durch den Städtebund zerstört, sodass die Burg von neuem aufgebaut werden musste. Durch den Neubau verschuldeten sich die Schellenberger jedoch so sehr, dass sie 1374 ihr Schloss an Ulrich und Rudolf von Ebersberg verpfänden mussten. 1386 finden sich die Grafen von Montfort-Tettnang in Wasser-

burg. Sie hatten die Burg auch noch 1537 inne – vor Beginn einer Umgestaltung im Stil der Renaissance –, wie ein Montfort'sches Wappen an einem Eckquader der Nordostseite belegt.

1592 jedoch ging die Herrschaft an die Grafen Fugger von Kirchberg und Weißenhorn zu Babenhausen über, die sie ihrerseits 1755 an Österreich verkaufen mussten. 1805 schließlich wurde Wasserburg bayerisch und im Jahre 1812 kam die Schlossanlage in Privatbesitz. Nachweislich bestand schon 1938 im Schloss ein Hotelbetrieb. Nach einem Eigentümerwechsel wurde das Hotel zusammen mit dem Gaststättenbetrieb im Schlosskeller an Ostern 2006 neu eröffnet.

Die einzelnen Bauphasen sind an dem heute erhaltenen Baukörper, einer unregelmäßigen Dreiflügelanlage, noch deutlich zu erkennen. Während das Mauerwerk des nördlichen Teils wohl in die Zeit vor 1280 zu datieren ist, dürfte der südliche Teil aus der zweiten Hälfte des 14. Jahrhunderts stammen. Die Dreiflügelanlage entstand zwischen 1537 und 1555 durch Überbauung der Reste einer Burganlage aus dem 13. Jahrhundert. Der Westflügel wurde nach einem Brand im Jahre 1750 geschleift und abgeschrägt.

In unmittelbarer Nähe befindet sich das ehemalige Gerichtshaus, das seit 1815 als Lehrerwohnung genutzt wurde, nachdem König Maximilian I. Joseph das vormalige Amtshaus der Gemeinde Wasserburg als Schulhaus überlassen hatte. Heute ist hier ein sehenswertes Museum untergebracht. Das Gebäude stammt aus der Zeit des ausgehenden 16. Jahrhunderts. 1596/97 wurde es nach der Übernahme der Herrschaft Wasserburg durch die Fugger errichtet.

HINWEIS

Schlosshotel Wasserburg, Halbinselstraße 78, 88142 Wasserburg,
Tel. 0 83 82/2 73 33 00, Schlosshof und Außenbereich sind frei zugänglich.
Das Museum im Malhaus, Halbinselstraße 77, 88142 Wasserburg, Öffnungszeiten von April bis Okt., Di. bis Sa. 10.30–12.30 Uhr, So. 10–17 Uhr, zusätzlich Mi. und Sa. 14.30–17 Uhr sowie Führungen nach Vereinbarung unter Tel. 0 83 82/8 95 16.
Ständige Ausstellungen: Martin Walser – Kinder- und Jugendzeit in Wasserburg; Fischer, Fische und Vögel am Bodensee; Hexenzellen im Malhaus sowie wechselnde Sonderausstellungen

SCHACHEN-SCHLÖSSLE

Wo könnte eine Besichtigungstour durch die Burgen, Schlösser und Residenzen in Bayerisch-Schwaben besser beendet werden als in einem gemütlichen Restaurant, zumal dann, wenn sich dieses in einer ehemaligen Schlossanlage befindet? Das Schachen-Schlössle war auch in den 1960er Jahren, als Werner Meyer sein Buch über Burgen und Schlösser in Bayerisch-Schwaben veröffentlichte, ein beliebtes Ausflugsziel der Lindauer – und so ist es auch heute noch.

Das Schachen-Schlössle gehört zu den so genannten Edelsitzen im Umfeld der Stadt Lindau, die insbesondere im ausgehenden Mittelalter neu erbaut oder umgebaut worden sind, um sie den Wohn-, aber auch den Repräsentationsbedürfnissen der Zeit anzupassen. In diesem Schloss, so vermutet Werner Meyer, verbirgt sich wohl eine der vielen kleinen Wehrbauten, die von den Gegnern der Freien Reichsstadt Lindau um das Stadtgebiet herum angelegt worden waren. Allerdings ist festzuhalten, dass gesicherte Erkenntnisse über die frühe Zeit des Schachen-Schlössles nicht vorliegen. Ebenso wenig bekannt sind Erbauer und frühe Besitzer. Die heutige Anlage geht aber wohl auf einen Bau des Jahres 1517 zurück, der nach dem 30-jährigen Krieg einige Veränderungen erfahren hat. Möglicherweise kam das Schlösschen in einer Zeit, in der es keine Wehrfunktion mehr hatte, an Lindauer Bürger, die es zu einem kleinen Sommersitz ausbauen ließen. Wechselte das Anwesen im Verlauf des 17. bis 19. Jahrhun-

derts häufig seine Besitzer, so verfiel es in napoleonischer Zeit zusehends. Günter Schmitt nennt in seinem detailreichen Buch über die Schlösser der Region die Besitzer im Einzelnen. Dabei wird deutlich, dass 1928 der

Bäckermeister Felix Spengler das Schachen-Schlössle erwarb – ein Glücksfall für den Erhalt des Anwesens, wie sich bald herausstellte, denn die Familie Spengler-Hensler sollte den weiteren Verfall stoppen. Felix Spengler hatte nämlich 1932 seiner Tochter Mathilde und deren Ehemann Hugo Hensler aus Wangen den Besitz überschrieben. Die Eheleute ließen daraufhin Erneuerungs- und Umbauarbeiten im ersten und zweiten Obergeschoss vornehmen. Nach zwei weiteren Besitzerwechseln erwarb im Jahre 1950 Jörg Bihl das Schachen-Schlössle. Die Familie Bihl, die das einstige Schlossgut heute noch besitzt, ließ es in den Folgejahren grundlegend renovieren und zu einem Hotel mit Restaurant ausbauen. Zwischenzeitlich sind auch Neubauten hinzugekommen wie z. B. das 1974 errichtete Gebäude mit Schwimmbad und Appartements – Grund genug, um hier im Schachen-Schlössle die in Nördlingen und im Ries begonnene Besichtigungstour zu den Burgen, Schlössern und Residenzen Bayerisch-Schwabens zu beenden.

Literatur:

Dehio, Georg, Handbuch der deutschen Kunstdenkmäler Bayern III: Schwaben, bearb. von Bruno Bushart und Georg Paula, München, Berlin 1989

Dobras, Werner und Kurz, Andreas (Hrsg.), Daheim im Landkreis Lindau, o.O, 1994

Dorn, Ludwig, Die Geschichte des Schlosses Syrgenstein, in: Westallgäuer Heimatblätter Nr. 15, 10. Bd, 1963

Horn, Adam und Meyer, Werner, Die Kunstdenkmäler von Bayern, Reg. Bez. Schwaben IV. Stadt und Landkreis Lindau, München 1954

Scheurle, Dr., Die Sürgen von Syrgenstein. Neue Forschungen und Erkenntnisse, in: Westallgäuer Heimatblätter Nr. 6, 11. Bd., 1967

Schmitt, Günter, Schlösser und Burgen am Bodensee Bd. II Nord-Ost, Von Meersburg bis Mittelweiherburg, Biberach 2001

HINWEIS

Schachen-Schlössle, Familie Bihl,
Enzisweiler Str. 1–7, 88131 Lindau,
OT Schachen, Tel. 0 83 82/9 48 56-0.
Geöffnet von März bis Anfang November.
E-Mail: info@schachenschloessle.de

1. Quellen

Stadtarchiv Nördlingen, Graphische Sammlung.
Fürstlich Oettingen-Wallerstein'sches Archiv, Graphische Sammlung.

2. Literatur

Behrer, Christian, Burg Sulzberg, Altusried 1995.
Breuer, Tilmann, Stadt und Landkreis Kaufbeuren (Bayerische Kunstdenkmale IX), München 1960.
Ders., Stadt und Landkreis Memmingen (Bayerische Kunstdenkmale IV), München 1959.
Broy, Erich, Leipheim. Heimatbuch einer schwäbischen Stadt an der Donau, Weißenhorn 1991.
Dehio, Georg, Handbuch der deutschen Kunstdenkmäler Bayern III: Schwaben, bearb. von Bruno Bushart und Georg Paula, München 1989.
Der Landkreis Memmingen, Landschaft-Geschichte-Kultur-Wirtschaft, Memmingen 1971.
Die Reisensburg. Ein Kurzführer zu ihrer Geschichte, hrsg. vom historischen Verein Günzburg und Förderverein Schloss Reisensburg, o.O., 1998.
Dobras, Werner und Kurz, Andreas (Hrsg.), Daheim im Landkreis Lindau, o.O, 1994.
Dorn, Ludwig, Die Geschichte des Schlosses Syrgenstein, in: Westallgäuer Heimatblätter Nr. 15, 10. Bd., 1963.
Epple, Alois und Joder, Robert, Kleines Schloss Türkheim, Kunstverlag Fink, Lindenberg, 1. Aufl. 1998.
Euringer, Gustav, Auf nahen Pfaden, Lieferungen I – X, Augsburg 1910, 2. Aufl.
Frei, Hans und Krahe, Günther (Hrsg.), Archäologische Wanderungen im Ries (Führer zu archäologischen Denkmälern in Bayern, Schwaben Band 2), Stuttgart und Aalen 1979.
Fugger, Markus Graf, Fugger-Museum Schloss Babenhausen, Verlag Schnell & Steiner, München und Zürich, 1. Aufl. 1990.
Gröber, Karl und Horn, Adam, Bezirksamt Nördlingen (Die Kunstdenkmäler von Bayern, Reg.-Bez. Schwaben I), München 1938.
Grünenwald, Elisabeth, Burgen und Schlösser im Ries, in: Rieser Kulturtage 1980, Dokumentationsband III, Nördlingen 1981, S. 90–121. Dort auch weitere Literatur.
Grünenwald, Elisabeth und Sponsel, Wilfried, Schloss Oettingen, Oettingen 1999.
Grünsteudel, Günther, Hägele, Günter, Frankenberger, Rudolf (Hrsg.), Augsburger Stadtlexikon, Augsburg 1998, 2. Aufl.
Habel, Heinrich, Landkreis Mindelheim (Bayerische Kunstdenkmale XXXI), München 1971.
Ders., Stadt- und Landkreis Neu-Ulm (Bayerische Kunstdenkmale XXIV), München 1966.
Ders., Landkreis Illertissen (Bayerische Kunstdenkmale XXVII), München 1967.
Hagen, Bernd von und Wegener-Hüssen, Angelika, Landkreis Günzburg (Denkmäler in Bayern Bd. VII. 91/1), München 2005.
Hauch, Gisela Freifrau von und Stoffels, Hermann, Schloss Haunsheim, Haunsheim 2003.
Hollo, Harald, Bayerisch-Schwaben. Blickpunkte, Augsburg 2003.
Horn, Adam und Meyer, Werner, Stadt und Landkreis Lindau (Die Kunstdenkmäler von Bayern, Reg. Bez. Schwaben IV), München 1954.
Horn, Adam, Landkreis Donauwörth (Kunstdenkmäler von Bayern, Reg.-Bez. Schwaben III), München 1951.
Jahn, Joachim, Augsburger Land (Historischer Atlas von Bayern, Teil Schwaben, Heft 11), München 1984.
Kächler, Harald, Illertissen. Im Zeichen des Flusses, Ulm 2004.
Ders., Schlösser um Ulm, Ulm 1996, 1. Aufl.
Karg, Franz, „Dem Fuggerischen namen erkauft". Bemerkungen zum Besitz der Fugger, in: Karg, Franz, Bobingen und die Fugger, in: Walter Pötzl und Wolfgang Wüst (Hrsg), Bobingen und seine Geschichte, Augsburg 1994, S.183–193.
Ders., Schloss Kirchheim, Kunstverlag Fink, Lindenberg, 1. Aufl. 1998.
Kohlberger, Alexandra, Schlösser des 17. und 18. Jahrhunderts, in: Walter Pötzl (Hrsg.), Herrschaft und Politik vom frühen Mittelalter bis zur Gebietsreform. Der Landkreis Augsburg Bd. 3, Augsburg 2003.
Kolb, Ägidius und Kohler, Ewald (Hrsg.), Ostallgäu. Einst und Jetzt, Marktoberdorf 1984.
Kommer, Björn R., Das Schaezler-Palais in Augsburg, München, Berlin, 2003.
Kraft, Klaus, Landkreis Günzburg 1, Stadt Günzburg (Die Kunstdenkmäler von Bayern, Reg.-Bez. Schwaben IX), München 1993.
Kudorfer, Dieter, Nördlingen (Historischer Atlas von Bayern, Teil Schwaben, Heft 8), München 1974.
Kudorfer, Dieter, Die Grafschaft Oettingen (Historischer Atlas von Bayern, Teil Schwaben, Reihe 2, Heft 3, München 1985.
Layer, Adolf, Dillingen a. d. Donau, Dillingen 1961.
Leidorf, Klaus, Ettel, Peter, Irlinger, Walter, Zeune, Joachim, Burgen in Bayern, 7000 Jahre Geschichte im Luftbild, Stuttgart 1999.
Merkt, Otto, Burgen, Schanzen, Galgen, in: Allgäuer Geschichtsfreund Nr. 52, 1951.
Metzger, Christof mit Ulrich Heiß und Anette Kranz, Landsitze Augsburger Patrizier, München, Berlin 2005.
Meyer, Werner, Burgen und Schlösser in Schwaben, Frankfurt /Main 1964.
Ders., Burgen und Schlösser in Bayerisch-Schwaben, Frankfurt 1979.

Meyer, Werner, Landkreis Dillingen an der Donau (Die Kunstdenkmäler von Bayern, Reg-Bez. Schwaben VII), München 1972.

Nessler, Toni, Burgen im Allgäu, Bd. I: Altlandkreis Kempten und Sonthofen, Bd. II: Westallgäu, württembergisches, nördliches, nordöstliches und östliches Allgäu, Kempten 1985, 1. Aufl.

Neu, Wilhelm und Otten, Frank, Landkreis Augsburg (Bayerische Kunstdenkmale VI, München 1970.

Pawlu, Erich, Schlösser im Landkreis, hrsg. von der Kreis- und Stadtsparkasse Dillingen a. d. Donau, 2003.

Petzet, Michael, Stadt und Landkreis Kempten (Bayerische Kunstdenkmale V), München 1959.

Ders., Landkreis Marktoberdorf (Bayerische Kunstdenkmale XXIII), München 1966.

Ders., Landkreis Sonthofen (Die Kunstdenkmäler von Bayern, Reg. Bez. Schwaben VIII.), München 1964.

Pötzl, Walter (Hrsg.), Herrschaft und Politik vom frühen Mittelalter bis zur Gebietsreform. Der Landkreis Augsburg Bd. 3, Augsburg 2003.

Ders., Hrsg., Der Landkreis Augsburg, Augsburg 1998.

Ders., Geschichte und Volkskunde des Marktes Dinkelscherben, Dinkelscherben 1987.

Probst, Michael, Kloster Roggenburg. Das Lied seiner Gründung und seiner Stifterfamilie, Weißenhorn 1989.

Rapp, Wilhelm, Geschichte des Dorfes Fellheim an der Iller, Fellheim 1960.

Russ, Sigrid, Bayerische Königsschlösser, Linderhof, Neuschwanstein, Herrenchiemsee, München 1977.

Sayn-Wittgenstein, Franz Prinz zu, Schlösser in Bayern. Residenzen und Landsitze in Altbayern und Schwaben, München 1972.

Schaul, Bernd-Peter, Denkmäler in Bayern Bd.VII Schwaben, München 1986.

Scheurle, Die Sürgen von Sürgenstein. Neue Forschungen und Erkenntnisse, in: Westallgäuer Heimatblätter Nr. 6, 11. Bd., 1967.

Schlossbeschreibung Neuschwanstein und Hohenschwangau, Lechbruck, o.J.

Schröder, Alfred, Schwenningen in Bayern. Geschichte eines schwäbischen Dorfes, in: 37. Jahrbuch des historischen Vereins Dillingen a. d. Donau, 1924, S. 1–90.

Schmitt, Günter, Schlösser und Burgen am Bodensee, Bd. 2 Nord-Ost, Von Meersburg bis Mittelweiherburg, Biberach 2001.

Ders., Burgenführer Schwäbische Alb, Bd. 6 Ostalb, Biberach 1995.

Seitz, Reinhard H., Burg, Stadt und Schloss Höchstädt a. d. Donau – ein Überblick, in: Lebensbilder. Geschichte und Kunst in Bildnissen aus Schwaben (Schriftenreihe der Museen des Bezirks Schwaben, hrsg. von H. Frei, Bd. 30), Oberschönenfeld 2002, S. 36–49.

Sponsel, Wilfried und Steger, Hartmut, Vergangene Burgen und Herrensitze im Blickfeld des Rieses, Augsburg 2004.

Sponsel, Wilfried, Die Burgen und Schlösser der Fürsten zu Oettingen-Wallerstein, Ubstadt-Weiher 1996.

Trauchburg, Gabriele von, Häuser und Gärten Augsburger Patrizier, München, Berlin 2001.

Unbekanntes Bayern, Burgen, Schlösser, Residenzen, München 1960.

Vollmar, Bernd u.a., Denkmäler in Bayern. Stadt Nördlingen, München 1998.

Wagner, Helga und Pfistermeister, Ursula, Barocke Festsäle in bayerischen Schlössern und Klöstern, München 1974.

Weizenegger, Josef und Schretzenmayr, Heribert, Burgen und Schlösser, Günzburg 2000.

Welsandt, Dieter, Schlösser und Burgen in Baden-Württemberg, Ostfildern 2004.

Wißner, Bernd, Kulturschätze im Wittelsbacher Land, Augsburg 2005. Das Buch enthält eine Broschüre mit praktischen Tipps von A–Z.

Wöhrl, Joseph, Die Reichspflege Donauwörth, in: 48. Zeitschrift des Historischen Vereins für Schwaben und Neuburg, 1928/29, S. 166–284.

Wörner, Hans Jakob, Ehemaliger Landkreis Wertingen (Bayerische Kunstdenkmale XXXIII), München 1973.

Wüst, Wolfgang, Die Epoche zwischen Dreißigjährigem Krieg und dem Ende des Alten Reiches, in: Krumbach. Vorderösterreichischer Markt, Bayerisch-Schwäbische Stadt, hrsg. von Georg Kreuzer, Alfons Schmid, Wolfgang Wüst, 2 Bände, Bd. 1: Von den Anfängen bis 1918, Krumbach 1993.

Wunder, Gerd, Die Schenken von Stauffenberg. Eine Familiengeschichte, Stuttgart 1972.

Zeune, Joachim, Burgenführer Ostallgäu und Außerfern/Tirol, hrsg. von den Tourismusregionen Ostallgäu und Reutte/Tirol, Marktoberdorf 1998.

Ders., Eisenberg und Hohenfreyberg, Kleine Burgenführer-Reihe des Burgenverlages Zeune und Koop. Dort weitere Literatur.

Ders., Burgwanderweg Alt-Trauchburg, Buchenberg 1998. Erhältlich über die Gemeinde Weitnau, Hauchenbergweg 6, 87480 Weitnau.

Ders., mehrere Beiträge zu „Burgensanierungen im Allgäu“ in der Zeitschrift „Heimat Allgäu“ des Allgäuer Heimatvereins, Westendstraße 21, 87439 Kempten. Dort sind die Hefte zu beziehen.

Ders., Burgen – Symbole der Macht, Regensburg 1996.

Adler, Wolfgang, Blaustein: S. 64, 67 oben, 68 oben, 69, 70 oben, 71 oben, 72 oben, 77

Bad Grönenbach, Kurverwaltung: S.162, 163
Bad Hindelang, Gästeinformation: S. 206, 207
Bauer und Partner, Designbüro, Neu-Ulm: S. 62 oben, 65, 70 unten
Bayerische Schlösserverwaltung, München: S. 178, 179, 188, 189
Benz, Wolfram, Argenbühl-Eglofs: S. 212
Biberach, Marktgemeinde: S. 126, 127 links
Bihl, Andrea, Lindau: S. 220, 221
Binder, Peter, Nördlingen: S. 38, 39, 42, 43
Breitsameter, Marianne, Aichach: S. 133 oben und Mitte
Brugger, Jürgen, Finningen: S. 44, 45

Dietrich, Tim, Schwenningen: S. 54, 55
Dobras, Werner, Lindau: S. 213

Eisenberg, Gemeinde: S. 184
Ewald, Andreas, Unterknöringen: S. 90 unten, 91 oben und Mitte

Fellheim, Johanneshof Schloss: S.166, 167
Fiedler, Jürgen, Wertingen: S. 56, 57
Fischer, Fotohaus, Oettingen: S. 18, 19 Mitte, Umschlag Rückseite zweites Bild von links
Friedberg, Heimatmuseum: S. 138 unten und oben Mitte, 139
Friedel, Heinz, Reimlingen: S. 12, 13 oben, 16, 17, 30 unten, 34, 35
Fuchs, Jürgen, Illereichen: S. 73
Fugger Markus Graf, Babenhausen: S. 154, 155
Fürstlich Oettingen-Wallerstein'sches Archiv Harburg: S. 15 links, 24 unten, 30 oben, 31 oben und unten rechts, 109 unten
Fuss, Peter, Ulm: S. 66, 71 und 72 unten, 76

Getty-Images, München: Umschlagtitel
Geyer, Siegfried, Heidenheim (Luftbilder): S. 4, 25 oben, 26, 46, 48, 60, 96, 112, 116 unten Mitte, 118, 136, 150, 174, 176, 180, 192, 216, 226, 227

Guffler, Gerhard, Augsburg: S. 127 rechts

Hassler, Manfred, Haunsheim: S. 51 unten
Heiß, Ulrich, Augsburg: S. 50, 51 oben, 94, 120, 121, 122, 123 oben und unten, 124, 125, 128, 129, 144 oben, 150 oben
Heyl, Stephanie, Dinkelscherben: S. 107 oben
Herz, Wolfgang, Immenstadt: S. 206 unten, 207
Herzig, Klaus und Winkler, Alfred, Oettingen: S. 19 oben und unten, 20 unten, 21 oben und unten, 22, 23, 29
Hindelang, Gästeinformation: S. 200, 201
Hochaltingen, Schlossverwaltung: S. 20 Luftbild
Hollo, Harald, Friedberg: Umschlag unten, S. 3, 10 oben, 11, 14 oben, 52, 67 unten, 119, 218, 119, 134, 135, 138 oben links, 140, 142, 143, 146, 147, 153 unten, 175, 182, 194, 195, 203 unten, 210, 218
Hopferau, Betriebsgesellschaft: S. 186, 187

Isny Marketing GmbH: S. 208

Jobst, Hilmar, Dr., Senftenau: S. 214, 215

Kirchheim, Schlossverwaltung: S. 153 Mitte
Kißlegg, Gemeinde: S. 209 unten
Kühbach, Schlossverwaltung: S. 141

Lautrach, Management Centrum Schloss: S. 158, 159
Lübtow, Katja von, Waal: S. 170, 171

Marktoberdorf, Bayerische Musikakademie: S. 172, 173
Metzger, Christof, Dr., Augsburg: S. 117 oben rechts
Mindelheim, Stadtarchiv: S. 156, 157

Nördlingen, Stadtarchiv: S. 10 unten, 13 unten, 14 unten,15 rechts beide, 28, 227 oben

Pickl, Erich, Illertissen: S. 62 unten, 63
Ravensburg, Landratsamt: S. 209 oben

Regio Augsburg Tourismus GmbH: S. 114, 115 oben links und unten, 132, 133 unten
Rogg, Lothar, Türkheim: S. 164
Roggenburg, Klosterverwaltung: S. 74 oben, 75 oben

Schmitt, Hermann, Roggenburg: S. 74 unten
Scherneck, Schlossverwaltung: S. 144 unten, 145, 150 unten, 151
Schneid, Thomas, Wemding: S. 32, 33, 36 oben, 225
Schreiber, Helmut, Augsburg, S. 115 oben rechts, 116 oben und unten links, 117 oben links
Schretzenmayr, Heribert, Günzburg: S. 80, 81, 82, 83, 84, 85, 86, 87, 88, 89, 90 oben, 91 unten links, 92, 93, 95, 98, 99, 100, 101, 102, 103, 104, 105, 106, 107 unten, 108, 109 oben, Umschlag Rückseite rechts
Steger, Hartmut, Wallerstein: S. 49, 53
Stettmayer, Friedrich, Augsburg: S. 152, 153 oben rechts, 165
Stöffel, Johannes, Sulzberg: S. 196, 197
Strass, Karl, Untermeitingen: S. 123 Mitte

Tucher, Bernhard Freiherr von, Leitheim: S. 36 unten, 37

Vequel-Westernach, Theodor Freiherr von, Kronburg: S. 5, 160, 161

Waldburg, Gästeamt: S. 209 Mitte
Weitnau, Gemeinde: S. 198, 199
Wittelsbacher Ausgleichsfond Inventarverwaltung, München: S. 183

Zeller, Fotohaus, Immenstadt: S. 202, 203 oben, 205
Zeune, Joachim, Dr., Eisenberg-Zell: S. 185, 206 oben
Zoller, Werner, Neu-Ulm: S. 68 unten

Schloss Otting, Landkreis Donau-Ries

Zum Abschluss dieser literarischen Reise in die Welt der Burgen, Schlösser und Residenzen Bayerisch-Schwabens gilt es Dank zu sagen für vielfältige Anregungen und Unterstützung. Ohne die kooperative Mitarbeit vieler Einzelner, aber auch zahlreicher Institutionen wäre das Buch in dieser Form sicher nicht zustande gekommen.

Das vorliegende Buch steht in engem Zusammenhang mit dem von mir und Herrn Hartmut Steger verfassten Werk „Vergangene Burgen und Herrensitze im Blickfeld des Rieses“ (2004). Schon bald entstand der Gedanke, über das Ries und sein Umland hinauszugehen und den Blickwinkel auf Bayerisch-Schwaben auszuweiten. Das Ergebnis liegt hiermit vor. Ein herzlicher Dank gebührt Herrn Harald Hollo, Augsburg, für die Herausgabe und die überaus gelungene Gestaltung beider Publikationen.

Für das Korrekturlesen der Texte zu danken habe ich Frau Susanne Faul sowie Frau Simone Schmid und insbesondere Herrn Rektor a. D. Günter Lemke, der mich außerdem mit sprachlichen Varianten bei der Textgestaltung unterstützt hat.

Den Kolleginnen und Kollegen aus den Bereichen der Archive, Heimat- und Denkmalpflege sowie der Burgenforschung, aber auch allen Schlossbesitzern und den Betreibern von Schlossanlagen danke ich für die kritische Durchsicht der Texte. Durch ihre Mitarbeit soll gewährleistet sein, dass in diesem Buch der derzeitige Forschungsstand wiedergegeben wird. Um nur ein Beispiel zu nennen: Ohne die Mitteilungen und Korrekturen von Dr. Joachim Zeune, Büro für Burgenforschung, wäre die Darstellung der Burgen des Ost- und Oberallgäus sehr fehlerhaft geworden. Allen, die hierzu beigetragen haben und behilflich waren bei der Beschaffung und Anfertigung von aussagekräftigen Bildern – wie z.B. die Oettinger Film- und Fotofreunde –, gilt mein herzlicher Dank, in den ich alle diejenigen einbeziehe, die in den Gemeindeverwaltungen, Landratsämtern und Vereinen mit Rat und Tat weitergeholfen haben.

Sehr herzlich danken möchte ich folgenden Damen und Herren für differenzierte Hilfen, wertvolle Anregungen und fachspezifische Hinweise: Fridolin Altweck, Karl Baumann, Götz Beck, Wolfram Benz, Peter Binder, Anton Böck, Dr. Franz-Rasso Böck, Rolf Dehner, Egon Eberle, Jürgen Fiedler, Heinz Friedel, Frater Christian, Markus Graf Fugger, Eva Gerum, Dr. Bernd von Hagen, Dr. Ulrich

Schloss Hochaltingen

Friedrich Weinberger, Altebürg bei Nördlingen, Aquarell und Gouache, 1864 (siehe Seite 11)

Heiß, Willi Herz, Klaus Herzig, Stefanie Heyl, Dr. Hilmar Jobst, Harald Kächler, Bruno Kohler, Christina Kral-Voigt, Prof. Dr. Georg Kreuzer, Andreas Kurz, Reinhold Lenski, Hans Mährle, Johannes Graf von Mirbach-Geldern-Egmont, Dr. Christof Metzger, Daniel Mooz, Moritz Fürst zu Oettingen-Wallerstein, Dr. Georg Paula, Alois Pfaffenzeller, Prof. Dr. Walter Pötzl, Lothar Rogg, Christian Schedler, Hermann & Isolde Schmid, Thomas Schneid, Christian Schneider, Heribert Schretzenmayr, Erich Seitz, Dr. Reinhard H. Seitz, Dr. Ottmar Seuffert, Heiner Stauder, Alfred Graf von Stauffenberg, Hartmut Steger, Dr. Andreas Steigerwald, Johannes Stöffel, Bernhard Freiherr von Tucher, Theodor Freiherr von Vequel-Westernach, Josef Weizenegger, Alfred Winkler, Walter Wörz, Dr. Joachim Zeune.

Schloss Haunsheim

SCHWABENS SCHÖNSTE SEITEN

- Vielfalt der schwäbisch-bayerischen Landschaft
- Vor- und Frühgeschichte
- Vom Ries bis zum Allgäu – vom Ulmer Winkel bis zum Wittelsbacher Land
- Kulturelles Leben und künstlerisches Schaffen
- Die Fugger in Schwaben
- Schwäbischer Bürgerstolz
- Bewahrtes Brauchtum
- Burgen und Schlösser, Kirchen und Klöster...

168 Seiten
384 farbige Abbildungen

Paperback 15,00 Euro
Hardcover 22,50 Euro

Bayerisch-Schwaben – Blickpunkte ist erhältlich in: Deutsch, Englisch und Französisch.

Herausnehmbarer Faltplan mit den wichtigsten Sehenswürdigkeiten

AUGSBURGS SCHÖNSTE SEITEN

- Spaziergang durch 2000 Jahre Geschichte
- Prachtstraßen, stille Winkel und grüne Inseln
- Prunkvolle Fassaden, versteckte Innenhöfe
- Gastliches und lebendiges Augsburg
- Kunstgeschichtliches und Industriekultur
- Heimliches Augsburg
- Museen, Ausstellungen und Kulturszene

164 Seiten
390 farbige Abbildungen

Paperback 15,00 Euro
Hardcover 22,50 Euro

Augsburg – Stadtansichten
ist erhältlich in:
Deutsch und Französisch.

Herausnehmbarer Faltplan
mit den wichtigsten
Sehenswürdigkeiten

MÜNCHENS SCHÖNSTE SEITEN

180 Seiten
390 farbige Abbildungen

Paperback 18,80 Euro

München – Stadtansichten
ist erhältlich in: Deutsch, Englisch, Französisch, Italienisch, Spanisch, Japanisch und Chinesisch

- Königliches München – Residenzen und Schlösser
- Deutschlands größte Museumslandschaft
- Himmlisches München – die schönsten Kirchen
- Oktoberfest, Biergärten und Szeneviertel
- Das grüne München
- Prachtvolle Theater
- Münchens Hofbauintendant Leo von Klenze
- Traditionsreiche Firmen …

Mit Stadtplan und Übersicht der wichtigsten Sehenswürdigkeiten

»Burgställe und Ruinen, Burgen, Burgschlösser und Residenzschlösser, Jagdschlösser, Land- und Lustschlösser ragen in der weiten fast kreisrunden Ebene und dominieren auf den umgebenden Randhöhen. Sie sind Ruhepunkte für das Auge, das sich an der Schönheit der Naturlandschaft und an der Vielfalt der Kulturlandschaft erfreut. Sie sind Fixpunkte für die Gedanken, die in die Vergangenheit schweifen.«

Vergangene Burgen und Herrensitze
Wilfried Sponsel
Hartmut Steger

208 Seiten
326 farbige Abbildungen

Hardcover 24,80 Euro

Herausnehmbare Karte mit Kurzbeschreibungen